JN437253

까멜리 나무가 보고 싶다

동티모르 이야기

임정훈 산문집

까멜리 나무가 보고 싶다

동티모르 이야기

도서출판
다인아트

/ 작가의 말 /

나는 그곳에서 살았다

누가 나에게 물었다.

동티모르는 어떤 곳이냐고.

뜻밖의 질문에 나는 선뜻 말을 못하고 머뭇거렸다.

"그러게, 동티모르는 어떤 나라지?"

나는 그곳에서 그들과 더불어 살았다.

딜리 바다가 좋아서 바닷길을 걸었고, 나무가 좋아서 나무 이름을 물었다.

악수를 잘하는 그들 덕에 나도 먼저 손을 내밀 수 있었고, 내 어린 날처럼 대가족을 이루며 화목하게 지내는 그들의 모습이 좋아서 그들 속으로 들어갔다.

나는 동티모르의 수도 딜리에 있는 고등학교에서 한국어 선생으로 2년간 일했다. 함께 근무하던 동료 교사들은 친절하고 다정했으며 우리 학생들은 나를 보고 언제나 하얀 이를 드러내며 환하게 웃었다.

동티모르에서의 생활 속에서 학생들은 나에게 비타민이었다.

꼴레가, 테툼어로 친구라는 말이다.

동티모르에서 수없이 듣고 부르던 말이 꼴레가라는 말이었다.

나는 그들의 꼴레가였고, 그들은 나의 꼴레가였다.

나는 나의 꼴레가들과 더불어 살면서 평안했고 마음에 여유를 가지고 산다는 것이 무엇인지를 알았다.

동티모르가 어떤 나라였냐는 질문에 굳이 대답을 해야 한다면 그곳은 순박한 사람들이 소박하게 살아가는 나라라고 말하고 싶다. 그리고 예전에는 까멜리 나무 향이 나라 곳곳에서 향기롭게 퍼져있던 나라였고 그들은 동티모르를 까멜리 나무 향기 가득한 나라로 다시 만들 것이라는 말도 하고 싶다.

나는 동티모르에서 살던 2년 동안 일기를 쓰듯 '에큐메니안'에 그곳에서 지내던 이야기를 글로 올렸다. 그때 쓴 글들을 책으로 엮는 동안 삶의 가치가 문명의 발전이나 부(富)가 아닌 조금은 느리지만 넉넉한 마음으로 살아가는 것이라고 말하고 싶었다. 하지만 마음과 달리 내 생각을 글로 충분히 전하지 못했다. 오히려 감상에 젖어 쓴 부끄러운 글도 있지만 그럼에도 한번 용기를 내 보았다.

그러나 책이란 것이 혼자 만들어 지 는 것이 아니었다. 많은 분들의 격려와 관심과 도움이 있어야 할 수 있는 일이라는 것을 알았다.

이 책이 나오기까지 마음을 모아 준 모든 분들에게 진심으로 감사드린다.

2018년 3월

임정훈

차 례

작가의 말 나는 그곳에서 살았다 • 5

1. 꼴레가(Kolega)

따이베시 시장에서 • 13

Kolega(친구) • 17

닭 울음소리 • 22

망고나무가 있는 집 • 26

미크로넷을 타고 학교에 가다 • 30

이름에 관한 소고 • 35

마음이 황량한 날은 빵집에 가자 • 40

이제, 어르신이 되는 친구에게 • 43

나도 미스터 킴을 만났다 • 50

2. 아 ~ 아따우로

함라하(Hamlaha) • 57

내 유난이 지나쳤다 • 61

옷에 대한 소견 • 65

꽃장화를 사 준 친구 • 69

어린 아이를 축복하는 자를 축복 하소서 • 73

당귀차를 마시고 싶다 • 78

크리스토 레이, 그 아이러니한 길을 걷다 • 82

아 ~ 아따우로 • 87

3. 까멜리 나무가 보고 싶다

나는 자코에 다녀왔다 • 95
타이스를 짜는 피나네 집 • 102
바다에서 만난 그들 • 108
까멜리 나무가 보고 싶다 • 114
그가 남기고 간 선물 • 119
풋내 나는 참외가 먹고 싶다 • 123
요셉이를 부탁합니다 • 127
씀바귀나물 • 131

4. 빌립비 씨네 아이들

로자 • 137
너희들이 하고 싶었던 말은 무엇이었니? • 141
그 세 여자는 어머니, 딸, 그리고 손녀였다 • 144
지팡이의 힘 • 148
풀꽃 • 153
눈 • 157
딜리 뒷산에 사는 꼴레가들 • 162
아들과 핸드폰 • 167
빌립비 씨네 아이들 • 172

5. 동티모르는 정으로 산다

울 엄니는 홍시를 좋아 하신다 • 181
동티모르의 나무들 • 185
발리보에서 • 189
테룸어가 내게로 왔다 • 194
동티모르는 정으로 산다 • 199
쪼리와 맨발 • 204
소 • 208
라멜라우 정상에서 안녕을 고하다 • 213

에필로그 귤 그리고 파파야 • 218

1

꼴레가(Kolega)

꼴레가(Kolega)
테툼어로 친구라는 말이다.
동티모르에서 수없이 듣고 부르던 말이 '꼴레가'라는 말이었다.
나는 그들의 꼴레가였고 그들은 나의 꼴레가였다.
나는 나의 꼴레가들과 더불어 살면서 평안했고
마음에 여유를 가지고 산다는 것이 무엇인지를 알았다.

따이베시 시장에서

2015.09.14

아침에 일어나면서 부터 오늘은 따이베시 시장에 가서 두부를 사와야겠다고 생각했다. 딜리의 한낮은 도시 전체가 조용하다. 무더운 더위가 모든 것을 잠재우기 때문이다. 땡볕 속에 모자를 눌러쓰고 길을 나섰다.

따이베시 시장은 딜리에서도 가장 큰 재래시장으로 각종 곡류와 야채와 과일을 팔고 한쪽에서는 집에서 기른 닭도 판다.

딜리에 와서 처음 따이베시 시장에 갔을 때 한국에 있는 가지, 호박, 배추 등 온갖 야채가 이곳에도 있는 것이 신기했다. 또한 한국에

서 쉽게 살 수 없는 아보카도, 빨간색 바나나, 파파야 등 막 따온 싱싱한 과일을 살 수 있다는 것이 즐거웠다. 그날은 그렇게 풍성한 장보기로 행복한 마음에 시장을 나서다가 두부가게를 보았다.

두부는 크지는 않았지만 분명 두부였다. 딜리의 대형마트에서도 본 적이 없었기에 시장에서 보니 더 반가웠다. 가게에 곱게 생긴 젊은 새댁이 좌판을 깔끔하게 해놓고 두부를 팔고 있었다. 두부를 보고 내가 너무 기뻐해서 그랬을까? 그녀는 내가 산 두부 봉지에 살그머니 한 모를 더 넣어주었다. 생색도 내지 않고 두부 한 모를 덤으로 준 소박한 정에 감격하며 그날 따이베시 시장을 나선 후 간간이 그녀가 생각났다.

그 후로 또 한 번 따이베시 시장에 간 적이 있다. 그땐 두부를 살 수 있다는 것도 좋았지만, 따이베시 시장에 내가 아는 사람이 있다는 기쁨이 더 컸기 때문이다. 그래서 시장에 도착하자마자 두부가게 부터 찾았다. 그런데 그날은 그녀는 보이지 않고 서글서글해 보이는 젊은 남자가 가게를 지키고 있었다.

"지난번에 왔을 때는 젊은 새댁이 있던데 그 새댁은 어디에 있어요?"

"아내는 집에 있어요."

"그럼, 당신 아내는 언제 나오나요?"

"아내는 오늘은 나오지 않아요."

그의 아내가 오늘 나오지 않는다는 말에 순간 서운한 마음이 밀려왔다. 그녀의 얼굴도 보고 두부도 사고 싶었는데 어쩔 수 없이 그녀의 남편에게 두부를 달라고 했다.

"당신 아내, 참 예뻐요. 사랑스럽고요."

"한국 아줌마가 찾았다는 말을 꼭 전해주세요."

그는 나에게 자기 아내의 한국 친구라며 봉지에 두부 하나를 더 넣어주었다.

오늘도 시장 통에 들어서면서 그녀의 두부 가게부터 찾았다. 그런데 가게의 두부 통에 두부는 있는데 고운 그녀도, 서글서글한 그녀의 남편도 보이지 않았다. 좌판 앞에 두부가 있는 걸 봐서는 그녀가 곧 올 것 같아 시장 통을 몇 바퀴 둘러보면서 시간을 보냈다.

그러다가 어느 야채가게 앞에서 "사진 한 장 찍어도 될까요?"라는 질문에 좋다며 흔쾌히 허락해 준 할머니가 고마워 아보카도를 열개나 샀다.

한국에서 먹던 죽순 같은 나물이 다섯 단에 일 달러라기에 혼자 먹기에 너무 많아서 오십 센트 주고 세단을 산 것이 잘한 것 같아 은근히 기쁘기도 했다. 시장 통을 빙빙 돌면서 그렇게 시간을 보내다 지금쯤 그녀가 오지 않았을까 싶어 그녀의 가게로 발걸음을 옮겼다. 그러나 여전히 가게에는 아무도 없었다. 두부는 그 자리에 그대로 있는데 무슨 일이 있는 걸까….

장날이면 어머니는 가끔 나를 데리고 시장에 가셨다. 장날 어머니를 따라 간 시장엔 언제나 볼거리가 많았고 먹고 싶은 것도 많았다. 어머니는 한 가지 물건도 몇 번을 둘러보고 망설이다가 필요한 물건을 사곤 하셨다. 무엇보다도 먼저 할아버지 할머니께서 좋아 하시는 것부터 사시고 나머지 장보기를 마치면, 시장 통 끝자락에 있는 떡 전 골목으로 나를 데리고 가셨다.

그리고는 "배고프지? 우리 떡 사먹을까?" 하시며 떡 좌판 앞에 앉아 콩고물이 달달한 인절미나 참기름 묻혀 반질반질한 쑥절편을, 그리고 어느 땐 빛깔 고운 무지개떡을 사주셨다. 그렇지만 어머니는 언제나 "우리 딸 많이 먹어."라고 하시고 내가 먹는 것만 조용히 바라보고 계셨다.

그렇게 장날, 장에 가서 혼자 떡을 먹고 온 것은 어머니와 약속하지 않았지만 무언의 비밀이었고, 이 비밀은 가족에게 오랫동안 지켜졌다. 어느 날 누군가의 고백으로 모두에게 각자의 비밀이었던 것으로 밝혀지기까지….

땡볕에 서서 집으로 가는 버스를 기다리는데 울컥하고 어머니 생각이 났다. 떡전 좌판에 앉아 어머니가 사주신 떡을 오물오물 맛있게 먹으며, 어머니 입에 떡 한 조각 넣어 드린 적 없는 수십 년 전의 철없는 막내딸 모습이 보였다.

나는 두부를 사지 못하고 집으로 왔다. 어쩌면 내가 사고 싶은 것은 두부가 아니었는지 모른다. 가족들과 이억 만 리 떨어진 곳에서 처음으로 느껴지던, 따뜻한 정을 사고 싶은 것은 아니었는지 하는 생각이 든다.

Kolega(친구)

2015.09.21

태국 치앙마이에 살 때에 가장 많이 들었던 말은 "마이뻴라이"(태국어로 '괜찮아요')라는 말이었다. 내가 살던 주인집 빠순분 씨는 모든 게 서툰 나에게 언제나 "마이뻴라이 마이뻴라이"라고 말했다. 한번은 방으로 뱀이 들어온 적이 있었다. 무심코 쳐다본 방 한구석에 뱀이 기어가는 것을 보고 기겁을 하며 뛰쳐나가 밖에 서서 울고 있을 때, 학생들이 방으로 들어와서 뱀을 잡아주며 하던 말도 "아짠 말리 마이뻴라이"('아짠'은 태국어로 '선생님'이라는 뜻이며, '말리'는 태국에서 어머니날에 다는 하얀 꽃이름이다. 학생들이 나에게 '말리'라는 이름을 지어주고 '말리선생님'이라고 불렀다.) 였다.

치앙마이를 떠난 지 수년이 지났고 그나마 조금 사용하던 태국어도 까마득히 잊어버리며 살고 있지만 삶이 힘들 때마다 "마이뻴라이"라며 스스로를 위로한다.

중국에서 살 때 사람들이 나에게 많이 했던 말은 "니 츠러마?"(중국어로 '식사했어요?') 였다. 학교에 가기 위해 나서는 길가엔 할머니들이 앉아서 이야기를 나누고 계셨다. 그분들께 "닌 하오"(중국어로 '안녕하세요?' 你는 너이며 您은 너의 높임말)라고 인사드리면 어르신들은 나에게 "라오스(중국어로 선생님), 니 츠러마?"라고 물었다. 내 단골인 채소가게 아저씨도, 쌀집 부부도, 과일가게 아줌마도, 미장원 총각도 나에게 하는 말은 언제나 "니 츠러마?" 였다.

중국 안휘성 한 귀퉁이, 펭양 이라는 작은 도시에 살고 있는 한국여자에게 그들은 "니 츠러마?"라며 관심어린 마음을 보내줬고 그 말은 중국 생활을 떠올릴 때 마다 따뜻한 정으로 가슴에 잔잔하게 다가온다.

나는 지금 동티모르의 수도인 딜리에 살고 있다. 딜리의 아름다운 바다를 보며 바닷가를 걷고 있는데 바다에서 수영을 하던 아이들이 나를 보고 달려오면서 "꼴레가 꼴레가"하며 손을 흔든다. '꼴레가'는 떼툼어로 '친구'라는 말이다. 그날 동티모르에 와서 아이들로부터 "꼴레가"라는 말을 처음 들은 후로 나에게 많은 꼴레가들이 생겼다.

내가 다니는 어학원의 경비원 또띠는 21살 청년이다. 다른 경비원들은 모두 일상복을 입고 근무를 하지만 또띠는 언제나 하늘색 경비원 옷을 자랑스럽게 입고 일한다. 어쩌다 어학원이 아닌 길가에서 만나게 되면 내 두 손을 잡으며 반갑게 안부를 묻는 사랑스런 청년이다. 경비원 꼴레가는 또띠 외에도 나만 보면 테툼어를 하나라도 알려주려고 "이것은… 다, 저것은… 다."라고 말하는 마누, 삐뚜. 프란시스코가 있다. 또한 '뿔샤'(동티모르는 핸드폰을 사용할 때 뿔샤라는 전화충전카드를 사서 사용한다.)를 파는 젊은 아빠도 길가에서 만나는 나의 꼴레가이고, 주인집 일을 도와주는 로자도 나의 꼴레가이다.

며칠 전 바닷가에서 한 꼴레가를 만났다. 석양을 보기 위해 바닷가

를 거닐고 있는데 "여보세요"하고 부르는 소리를 얼핏 들은 것 같아 뒤를 돌아보았다. 바닷가에 앉아있던 한 청년이 나를 보고 알은체를 했다. "한국말을 한 것 같은데…"라고 하였더니 청년은 경기도 화성에 있는 한 핸드폰 공장에서 조립하는 일을 하다가 몇 달 전에 돌아왔다며 자신을 소개했다.

한국에서 3년 동안 열심히 일해서 모은 돈으로 고향에 계신 부모님께 집을 지어드리고, 지금은 딜리 대학 앞에서 조그마한 가게를 얻어 학생들에게 복사를 해주며 살고 있다고 했다. 또한 한국 사장님이 다시 들어와서 일을 하라고 지금도 연락을 하지만 이제 딜리에서 가게를 잘 운영하며 동생들 공부시키려고 한다고 했다. "제 가게에 한 번 오세요."라고 말하는 스물 네 살 '본비노'라는 이름을 가진 꼴레가에게 나는 "가게에 한 번 가 볼께요."라고 말하고 헤어졌다.

21살의 어린나이에 한국이라는 먼 이국땅으로 돈을 벌러 가서 사장님이 다시 찾을 만큼 성실하게 일을 하고 돌아온 본비노. 본비노와 헤어져 바닷가를 걸으면서 해가 바다 속으로 들어간 줄도 모른 체 내 입에서는 '거 참 녀석. 그 녀석 참.' 이라는 말이 자꾸 나왔다. 참으로 기특하고 대견스러운 꼴레가에게 내가 할 수 있는 말은 그뿐이었다.

동티모르는 450여년을 포르투갈의 지배를 받았다. 포르투갈로부터 독립하자마자 인도네시아의 지배를 받았고 2002년 독립하여 주권을 찾기까지 수많은 사람들이 목숨을 잃었다. 그렇기에 동티모르에 살고 있는 사람들의 마음에는 한도 많고 사연도 많을 것이다. 그런데도 그들은 딜리에 살고 있는 외국인을 '이방인'이라고 하지 않고 '꼴레가'라고 하며 먼저 손을 내민다.

나는 태국 치앙마이에서 그곳 사람들에게 "마이뻴라이"라는 위로의 말을 들으며 살았고, 중국에서는 "니 츠러마"라는 관심어린 말을 들으며 살았다.

나는 이제 이곳에서 나를 "꼴레가"라고 불러주는 이들에게 나도 하고 싶은 말이 있다.

잘했어요. 참 잘했어요.

닭 울음소리

2015.10.05.

나는 바다가 좋다. 그래서 딜리로 올 때 꼭 바닷가에서 살아야겠다고 생각했다. 아침 출근길엔 바닷가 야자나무 아래 서서 학교로 가는 버스를 기다리고 싶었고, 저녁식사를 마친 후에는 바닷가를 거닐며 하루를 정리하고 싶었다.

딜리에서 방을 구하는 것은 어려운 일이다. 딜리에는 부동산이라는 것이 없다. 부동산이 없기에 빈방이 있다는 안내 문구를 대문에 붙여 놓은 집을 찾아 들어가 묻거나, 세를 놓을 것 같은 집에 들어가 "빈방 있어요?"하고 직접 물어봐야 한다.

딜리는 도시가 바다와 접해 있기 때문에 바닷가에 세를 놓는 집이 많을 거라 생각했다. 그러나 막상 방을 구하다보니 마땅한 방이 없었을 뿐더러 어쩌다 빈 방이 나오더라도 계약조건이 맞지 않았다. 그래서 며칠을 발품 팔며 고생만 하다가 바닷가에 살고 싶다는 내 의지를 내려놓기로 했다.

바닷가에 살겠다는 마음을 내려놓은 대신 가장 동티모르적인 집을 구하자는 생각을 했다. 땡볕에 며칠을 이 동네 저 동네 방을 구하러 다니다가 드디어 마음에 드는 집을 찾았다. 마침 주인집은 동티모르의 전형적인 대가족이 살고 있는 집이었다. 학교에서 돌아 온 주인집 손주들이 마당에서 뛰어 노는 소리가 평화롭게 들렸다.

내가 지내게 될 방은 햇볕도 잘 들고 부엌 창문 밖으로 파파야 나무가 보여 더 좋았다. 그동안 다니며 본 집 중에서 가장 마음에 드는 집이었다. 이사 첫날, 짐을 풀고 정리를 하다가 평안한 마음으로 잠이 들었다.

불과 몇 시간을 잤을까? 뭔가 요란한 소리가 곤한 내 잠을 깨웠다. 잠에서 깰 때는 무슨 야생 산짐승이 울부짖는 소리같이 들렸는데, 깨고 보니 닭들이 온 힘을 다해서 내는 소리였다. 그 소리는 동이 트는 이른 새벽 "꼬끼오"하며 새벽을 알리는 그런 청 좋은 소리가 아니었다. 거기에 동네 개들까지 합세해서 짖어대니 조용한건 사람뿐이었다. 네 시경부터 그렇게 새벽을 외치던 닭울음소리는 출근을 할 때까

겠다는 하소연으로 바뀌었고, 이런 복병이 숨어있는지 모르고 집을 선택한 자신을 자책하기도 하였다. '닭울음소리 때문에 살 수가 없어요'라고 말하고 '지금이라도 방을 빼주세요'라고 할까 하는 생각도 해보았지만, 그렇게 까지 한다는 것은 야속한 태도 같았다. 그렇다고 매일 이렇게 지낼 수도 없는 일이었다.

'그렇다면?' 그때 갑자기 번뜻 스치는 생각이 있었다. 제일 시끄러운 닭부터 사서 매주 한 마리씩 요리를 해서 먹으며, 뒷집 닭을 없애야겠다는 생각이 든 것이다. 물론 닭 주인은 닭을 팔아서 또다시 병아리를 사겠지만 병아리가 크는 동안은 조용할 테고, 설령 병아리가 자라서 닭이 된다 해도 그때는 또 내가 사서 요리하면 되니까.

내 발상에 기뻐하며 집주인 베띠를 찾아갔다.

"뒷집 닭을 사고 싶어요. 매주 한 마리 씩 살 테니 닭털은 뽑아 달라고 뒷집 닭 주인에게 말 좀 해줘요."라고 나는 당당하게 말했다. 그러나 내 제안을 들은 베띠는 "뒷집 닭들은 싸움하는 닭으로 키우는 거라 팔지 않아요."라고 단호하게 말했다. 나의 발상은 베띠의 일언

지하에 수포로 돌아갔다.

그렇다고 저 닭울음소리 때문에 이른 새벽 단 잠을 망치고, 아침부터 화를 내며 하루를 시작 할 수는 없지 않은가? 그때 나는 또다시 기특한 생각을 해냈다. '그래, 어쩌겠어. 닭이 잘 때 나도 자고, 닭이 깨면 나도 일어나는 거야. 알람이 필요 없네. 일찍 자고, 일찍 일어나면 좋은 습관도 생겨 좋고, 아침시간을 여유롭게 쓸 수 있으니 일석이조 아닌가.'

다음 날부터 나는 일찍 잠자리에 들려고 애썼고, 닭이 깨면 그때 일어나려고 노력했다.

그렇게 얼마나 지났을까. 어쩌다 보니 닭울음소리가 들리지 않았다. 아니다. 닭울음소리가 들려도 그 소리를 자장가로 들으며, 나는 새벽잠을 즐기고 있었다. 칙칙폭폭 기차소리 요란해도 잘도 자는 아기처럼, 나는 그렇게 이들의 삶속으로 들어가고 있었다.

망고나무가 있는 집

2015.10.12

길을 걷다가 우연히 들여다 본 이웃집 마당에 망고나무가 있었다. 주렁주렁 열린 망고 나무를 보자 내 기억은 어느새 망고나무집 쪽문을 열고 있었다. 나도 망고나무가 있는 집에서 살았던 적이 있다.

태국 치앙마이 공항에 도착한 것은 밤늦은 시간이었다. 나를 맞이한 선교사님 부부는 깊은 산 속에서 학교 교육도 제대로 받지 못하고 살다가 부모님 돌아가시며 홀로 남겨진 아이들의 아빠, 엄마로 치앙마이에서 살고 있는 분들이다.

우리네 인심이 그렇듯이 선교사님 부부는 거처를 정하지 못하고 온 나에게 며칠 더 머무르며 천천히 방을 구해 보자고 하였다. 그러나 나는 가까이에 빈 방이 나왔다는 말을 듣고 서둘러 찾아가 보았다. 그 집 앞에는 망고나무가 있었다. '손에 든 것이 망고인 줄도 모르고 먹었던 망고나무가 집 앞에 있다니'. 나는 방보다도 집 앞에 망고나무가 있다는 것만으로도 좋아서 그 자리에서 집을 정하고 바로 짐을 옮겼다.

짐이라야 노트북 하나, 책 몇 권, 타국에서 굶지 말라며 친구가 사

준 2인용 밥솥, 옷 몇 벌을 담은 가방 두개가 전부였지만, 선교사님 댁에서 보내 준 1인용 침대와 이불, 주인집 '빠순분' 씨가 준 책상을 놓으니 그런대로 생활에 불편함은 없을 것 같았다. 그렇지만 사철이 더운 나라이다 보니 냉장고는 하나 있어야 될 것 같았다. 다음날 냉장고를 구하러 아침에 나서 가게마다 돌아다니며 가격을 비교하다 보니 어느새 점심때가 지났다. 지친 몸으로 집으로 오는데 멀리 망고나무가 보였다.

왠지 망고나무가 나를 기다리고 있던 것 같아 고마운 생각이 들었다. 10월 초순에 치앙마이에 갔으니 딱 이맘 때 쯤이다. 그 때 망고나무는 풍성한 잎을 자랑하듯 무성하였다. 나는 재래시장까지 한 시간 길을 걸어 다니며, 사온 망고를 망고나무 아래에 앉아서 씻지도 않고 먹었다. 바나나도 아닌데 껍질을 입으로 벗기면 그 속엔 잘 익은 망고의 향긋한 향이 입안에 퍼졌다. 달콤한 속살에서 즙이 옷으로 뚝뚝 떨어지고 두 손은 끈적끈적 했지만 쪽쪽거리며 맛있게 먹었다. 나는 망고나무를 바라보며 "너는 이런 망고가 언제 열릴 거니?"하며 싱겁게 한 번씩 묻곤 했다.

어느덧 무성하던 망고 잎이 한두 잎 떨어지기 시작하더니 언제부터인가 떨어진 잎을 쓸고 돌아서면 어느새 작은 마당 가득 낙엽이 또 떨어졌다.

더운 나라지만 나무에게도 나름 사계가 있다. 나뭇가지에 새순이 돋고 꽃이 피는가 싶더니 어느새 꽃잎도 떨어지기 시작했다.

꽃잎은 나뭇잎처럼 쓸고 끝나는 것이 아니었다. 타일 마당을 끈끈하게 만들며 바닥을 더럽혔다. 꽃잎을 쓸고 난 자리를 말끔히 물청소까지 마치고난 후 망고나무에 물을 주었다. 어쩌다보니 망고나무에 물을 주는 것은 나의 일과가 되었고 또한 즐거움이 되었다.

그러던 어느날, 망고나무에 대추만한 열매가 맺히기 시작했다. '장하다. 내가 수업 하는 동안에 너는 열심히 열매를 맺고 있었구나.'감탄이 절로 나왔다. 선교사님은 대문 앞을 들어서면 언제나 망고나무 칭찬부터 했다. "이 망고나무는 참 맛있는 망고가 열려요. 올해도 망고 엄청 많이 열릴 것 같네요. 이 망고나무는 모양도 다른 망고하고 달라요. 하트모양의 망고가 열리지요."

대추만하던 망고가 점점 커지며 제법 탐스럽게 익어 가고 있을 무렵 나에게는 갑자기 출국 날짜가 정해졌다. 그러자 평소와 달리 마음이 급해졌다. 소박했던 이곳 생활을 정리할 즈음 꼭 가보고 싶었던 토요새벽시장을 한번 가보고 싶다고 선교사님께 말했다.

흔쾌히 내 생각을 받아 준 선교사님 부부와 일찍 집을 나서 토요새벽시장에 갔다. 시장에는 온갖 것이 다 있었다. 집에서 직접 만든 코코넛 껍질을 이용한 주걱, 국자, 비누곽과 같은 공예품뿐만 아니고 온갖 곡식, 동물 그리고 한편에는 묘목을 파는 곳이 있었다. 묘목을 파는 난전에서 실한 망고 묘목 세 그루를 샀다.

"망고나무는 왜 사세요?" 선교사님이 물었다.

"제가 떠난 자리에 망고나무를 남겨두려고요. '말리(저자의 태국 이름) 나무'라 생각하면서 잘 키워 주세요. 망고 열매 맺으면 먼 길까지 사러 다니지 말고 아이들과 따서 실컷 드시고요."

나는 그렇게 선교사님 집 앞마당에 망고나무 세 그루를 심어 놓고, 내 나라 한국으로 돌아왔다. 내가 떠난 후로 주인집 빠순분 씨는 아짠(태국어로 선생님) 말리가 물을 잘 줘서 망고가 많이 열렸다며, 한바구니 가득 가지고 왔다는 소식을 들은 후로 수년 세월이 지났다.

세상 한 귀퉁이에 망고나무를 심어 놓았다는 것도, 그 망고나무가 자라서 열매를 맺을 때 한번 다녀가겠다고 한 약속도 까마득히 잊은 채 말이다.

미크로넷을 타고 학교에 가다

2015.10.19

나는 날마다 미크로넷을 타고 학교에 간다. 내가 아프리카로 떠나는 탐험가처럼 비장한 모습을 하고 길가에 서있으면 온갖 장신구와 그림으로 요란하게 치장을 한 미크로넷이 성실하게 내 앞에 선다. 그러면 나는 환영인사처럼 크게 틀어 놓은 노래 소리를 들으며 우아하게 자리를 찾아 앉는다.

미크로넷은 딜리의 유일한 대중교통 수단이다. 그렇기 때문에 미크로넷을 타지 않으면, 택시를 이용해야 하는데 택시는 미크로넷 보다 훨씬 비싸기도 하지만 가격을 미리 흥정해야 하는 번거로움이 있다.

딜리 시내를 다니는 미크로넷은 열 개의 노선이 있지만, 정류장이 정해져 있는 것은 아니다. 그래서 다니는 길 어디서든 차가 올 때 손을 들기만 하면 태워준다. 탈 때도 아무데서나 태워 준 것처럼 내리고 싶을 때 역시 내리고 싶은 곳 어디서든 내려준다. 내려야 할 곳에서 동전으로 천장에 붙어있는 손잡이(쇠부분)를 똑똑 두 번 두드리면 운전기사는 그 소리를 듣고 바로 세워 준다. 음악소리가 커서 소리를 들을 수 있을까 싶지만 내릴 곳을 놓친 적은 한 번도 없다.

한번은 처음 가는 길이라 어디에서 동전을 똑똑 쳐야 하는지 몰라 운전기사에게 미리 내려야 할 장소를 알려주었다. 어느 만 큼 갔을까, 운전기사는 여기서 내려야 한다며 목적지를 손으로 가리켰다. 내가 잠시 목적지를 살피는 동안 운전기사는 어느새 직진해야 하는 차의 방향을 바꿔 겨우 차 한 대 다닐만한 좁은 골목길로 들어섰다. 그리고 내가 찾아 가야하는 건물 앞에서 내려 주었다. 운전기사는 길을 잘 모르는 외국 여자에 대한 배려였다지만, 차안에 있는 손님 중에 누구도 운전기사의 돌발적인 행동에 항의하는 사람이 없었다. 나는 차에서 내려 차가 골목길을 다 지나갈 때까지 서서 손을 흔들었다.

미크로넷은 운전석 옆에 두 명과 뒷자리에 열 명 모두 열두 명이 탈 수 있다. 마치 우리나라 12인승 봉고차를 전철처럼 마주보고 앉을 수 있도록 만들어 놓은 차라고 생각하면 된다. 차문이 있는 쪽에는 네 명, 맞은 편 쪽에는 여섯 명 정도 앉을 수 있는데 자리가 꽉 찬 줄 모르고 수시로 차에 오르는 손님을 위해서 서로 조금씩 좁혀 자리를 하나 더 만든다. 또한 한사람씩 내릴 때 마다 처음 사람이 옆쪽으로 옮기면 옆에 앉은 순으로 몸을 옮겨 내리기 편한 자리를 만든다.

나는 미크로넷을 탈 때마다 언제나 마음이 설렌다. 머리는 천장에 닿고 무릎은 앞사람과 맞닿는 작은 공간이지만 서로 눈인사를 나누는 것이 좋고, 안쪽에 앉아 있는 손님이 내릴 때에는 비좁은 곳에서 그나마 공간을 만들어 주려고 노력하는 모습도 좋고, 친구끼리 서로 소곤소곤 나누는 이야기를 귀동냥으로 듣는 것도 좋다. 또한 중학교 남학생들의 개구 진 장난을 보는 것은 재미있다.

미크로넷 차안에서 나는 오랫동안 딜리에서 살았던 사람처럼 이들에게 친밀감이 느껴지기 때문이기도 하다. 나는 미크로넷을 타면 옆

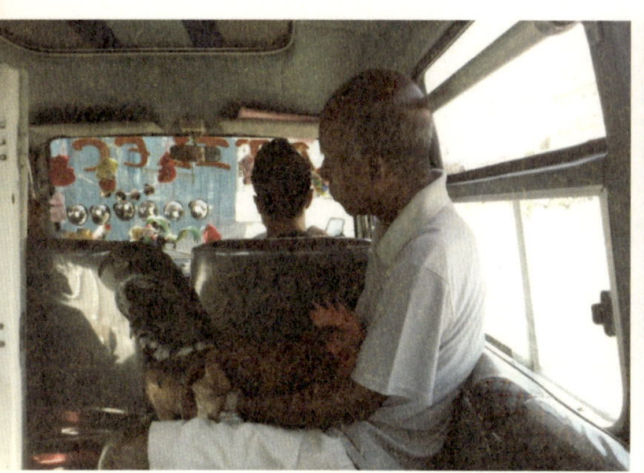

사람이나 앞 사람과 이야기를 나누고 싶고, 특히 아이가 타면 아이들과 이야기를 나누고 싶다. 동티모르 아이들은 한 결 같이 눈이 예쁘다. 예쁜 눈을 가진 아이들과 눈을 맞추며 "너는 어쩌면 이렇게 눈이 예쁘니?"하고 말을 건넨다. 그렇지만 미크로넷에 타는 손님은 예쁜 눈을 가진 아이나 개구쟁이 중학생만 타는 것은 아니다.

한번은 할아버지 한분이 장 닭을 안고 내 옆자리에 앉으셨다. 닭의 생김으로 봐서는 닭싸움 판에서 한 포스 잡을 것 같은 닭이었다. 할아버지는 아주 소중한 보물처럼 성질 사나워 보이는 닭을 안고 계셨다. 닭은 간간이 "꼬끼오" 하면서 목청을 높였다. 그럴 때 마다 차안에 사람들의 시선은 닭으로 향했다. 나는 아무렇지도 않은 척 의연하게 앉아 있었지만 그놈의 '꼬끼오' 소리를 들으며 얼마나 긴장을 했는지 모른다.

한번은 만삭의 젊은 새댁이 양손에 가득 짐을 들고 탄 적이 있다. 가방이야 들고 앉기라도 한다지만, 비닐봉지에 담긴 물건은 정말 어디에 마땅히 놓을 곳이 없다. 젊은 새댁은 우리들의 눈치를 보면서 슬그머니 차 문 옆, 사람들이 오르내리는 작은 공간에 짐을 내려놓았다. 나는 어색한 분위기를 좀 바꿔 보려고 "아기 갖으셨네요. 언제가 출산 예정이에요?"하고 물었다. 그녀는 "지금 8개월이에요."라고 하며 자신의 배에 손을 대었다. "만삭의 몸으로 이 많은 물건을 사서 들고 다녔어요? 어디에서 이렇게 많은 물건을 샀어요?" 하고 물으니 "따이베시 시장에서 샀어요." 하며 미크로넷을 두 번이나 갈아타고 집으로 가는 중이란다. 그녀의 짐은 바나나부터 야채, 과일, 곡식 등이 담겨 있는 봉지가 다섯 개는 되는가 싶었다.

새댁을 보면서 그녀처럼 억척을 부렸던 나의 신혼 시절이 생각났다. 연년생 어린 두 아이를 데리고 친정에 갔다 오는 길이었다. '시집 간 딸은 예쁜 도둑'이라는 말이 있듯이 각종 장류부터 늙은 호박에 아버지께서 아끼시는 소철나무 화분까지 가지고 통일호 기차에 올랐다. 무려 여섯 개나 되는 올망졸망한 보따리가 선반을 길게 차지하며 다른 사람 짐 놓을 곳을 막고 있었다. 소철나무는 선반에 올려놓을 수 없으니 손님들이 타고 내리는 한 구석에 놓았다. 나는 짐이 신경 쓰여 목적지인 영등포역에 도착하기 훨씬 전부터 하나씩 하나씩 보따리를 내려 출구 쪽으로 갖다 놓았다. 그 모습이 안쓰러웠는지 젊은 남자분이 짐 내리는 것을 도와주었다. 그러면서 그는 나에게 한마디 하였다. "이사를 가십니까?"

새댁이 내릴 때 나는 짐을 내리는 것을 도와주었다. 나도 슬그머니 장난기가 발동하였지만 하고 싶은 말을 삼켰다.

미크로넷 차비는 일반인은 25센트다. 어떤 남자들은 25센트짜리 동전을 귓바퀴에 끼워 넣었다가 내릴 때 귀에서 빼내 차비를 내기도 한다. 나는 그 모습을 볼 때 마다 웃음이 터져 나오지만 애써 참는다. 사진도 찍어 보고 싶은데 차마 카메라의 초점을 귀에 댈 수 없어 기회만 엿보고 있다.

젊은이들은 자리가 있어도 차문에 매달려 가기도 하는데 그렇게 가는 사람은 20센트만 내면 된다. 나는 학생들이 문에 매달려 갈 때마다 "페리고주 꾸이다두"(테툼어로 '위험해, 조심해') 라고 말한다. 차문에 매달려 가는 사람은 보기에도 위험해 보이고 자리에 앉아 가는 사람들이 내릴 때 마다 함께 내렸다가 다시 차에 올라야 한다. 그런 번거로움을 감수하면서도 그렇게 매달려 간다.

오늘은 수업을 마치고 남학생들과 이야기를 나누며 미크로넷을 타러 큰길로 걸어왔다. 그런데 차가오니 학생들이 차에 오르지 않고 차문에 매달려가는 것이었다. 막상 내가 가르치는 학생들이 차에 매달려 가는 모습을 보니 평소에 학생들에게 "페리고주 꾸이다두" 하던 말조차 나오지 않았다.

'녀석들, 그래 너희들이 그렇게 다니는 것도 한때겠지.'

어쨌든 나는 미크로넷을 타고 학교에 가는 것이 좋다. 딜리에서 미크로넷을 타보지 않고 어떻게 딜리를 안다고 말할 수 있겠는가.

이름에 관한 소고

2015.10.26

나를 알고 있는 사람의 이름이 생각나지 않을 때는 상대방에게도 미안한 일이지만, 나 스스로도 난감하다. 뭔가 입에서 탁 나올 것 같은데 혀끝에서만 빙빙 돌고 말로 선뜻 나오지 않는 설단 현상처럼 일시적으로 일어나는 것이 아니라 노력을 해도 기억의 한계를 느낄 때는 참으로 안타깝다. 그것은 '젊었을 때는 뭐든지 외우기도 잘했는데' 라며 나이 탓으로 돌리고 툭툭 털어버릴 수 있는 것이 아니기 때문이다.

'젤라리오 마투 데 아라우조', '노에안토니오 마리아 끌라렛 데 카르발로', '리발드시엘리오 데 제우세 만도리까 꼬멜리오'…

내가 한글을 처음 배우는 아이처럼, 한 자 한 자 또박 또박 출석을 부르면 학생들이 여기저기서 낄낄거리며 웃는 소리가 들린다.

'그래 웃어라, 너희들이 책 읽을 때 나도 큭큭 거리며 웃어 줄 거니까^^'

문제는 '젤라리오', '노에안토니오', '드발드시엘리오'처럼 앞에 붙은 이름만 부른다 해도 나는 돌아서면 도무지 학생들의 이름이 생각나지 않는다는 것이다.

나름 학생들의 이름을 외우기 위하여 노력을 하지 않은 것은 아니

다. 출석부 순서대로 학생 한 명 한 명 사진을 찍어 퇴근하고 집으로 돌아와서 사진과 이름을 대조해가며 밤늦도록 외우기도 했다. 그러나 내가 태국에서 살 때 요상하게 생긴 태국글자 익히는 것을 포기하고 그냥 까막눈으로 살기로 했던 것처럼, 학생들의 이름을 새로운 단어 외우듯 억지로 외우는 것은 포기하기로 했다.

학생들에게 집에서는 이름을 어떻게 부르느냐고 물어 보았다. 그런데 집에서 부르는 이름 역시 내 입에서 자연스럽게 나오지 않았다. 할 수 없이 생각한 것이 학생 한 명, 한 명의 이름을 한글로 칠판에 적고 학생들과 함께 이름을 만들어 보는 것이었다. 학생들과 상의하여 리오, 아나, 안또, 젤라 등 이름 중에서 부르기 쉬운 글자를 따서 부르기로 했다. 물론 이름 속에 '조세', '존' 같이 성경에 나오는 이름이 있으면 '요셉', '요한'이라고 한국식 발음으로 이야기 해줬고, '안드레'는 한국어 성경에도 '안드레'라고 부르니 그대로 부르자고 했다. 귀에 익숙한 '도밍고', '가브리엘' 같은 이름도 그대로 부르기로 했다. 그 이후 학생들이나 나 역시 이름에 관한 만족도는 100프로였다.

그전에도 학생들과 함께 이름을 지었던 적이 있었다. 말레이시아 쿠알라룸푸르에 있는 국제 난민학교에서 아이들을 처음 만났다. 국제난민학교라고는 하지만 대부분 아이들은 미얀마 난민이었고, 3개월 후엔 그들을 받아 주겠다는 나라로 떠나야 할 아이들이었다. 아이들은 본인이 원하든, 원하지 않았든 힘들게 말레이시아까지 왔을 텐데, 또다시 그곳을 떠나야 하는 것이었다.

아이들을 처음 만났을 때, 이 아이들에게 내가 해 줄 수 있는 것이 아무 것도 없음이 슬펐다. 아이들에게 한국 이름을 지어 주어야겠다는 생각이 들었지만, 지금 이 아이들에게 한국 이름이 무슨 의미가 있을까라는 생각이 들어서 망설여졌다. 그래도 아이들에게 내 마음을 줄 수 있는 것이 그것 뿐 이었기에 일단 아이들의 생각을 물어 보기로 했다.

"선생님이 여러분들에게 한국 이름을 지어 주고 싶은데 여러분 생각은 어떠세요?"

아이들은 천진하게 박수를 치면서 좋아했다. 그래서 나는 칠판에 생각나는 이름을 적어놓고 먼저 읽어 주었다.

정다운, 은혜, 대한, 어진, 진달래, 예슬, 사랑, 은총…

다음은 아이들이 듣고 따라 불러 보도록 했다. 몇 번을 반복하여 이름을 불러 본 후에 이름에 대한 의미를 설명 해 주었다.

"은총이라는 이름은 '하나님의 특별한 사랑'이라는 뜻이야."

"예슬이라는 이름은 '예쁘고 지혜롭다'는 뜻이야."

이름의 의미까지 알려 준 후 아이들이 스스로 이름을 정하도록 했다. 솔로몬이라는 이름을 가진 아이가 있었다. 솔로몬에게 'WISDOM'은 한국어로 '슬기'라는 뜻이니 '슬기'라고 하면 좋겠다고 말해 주었다.

아이들은 신중하게 이름을 정했다. 이름이 정해지자 아이들이 한글은 모르지만 공책에 반듯하게 한국 이름을 써 주었다. 그리고 우리는 새로 지은 한국 이름을 서로 부르면서 며칠을 함께 지내다 작별을 했다.

후에 나는 태국 국경을 넘어 미얀마에 잠깐 건너 간 적이 있었는데, 국경 부근에서 미얀마 아이들을 만났다. 그 때 미얀마 아이들을 보니 쿠알라룸푸르에서 만났던 아이들이 생각났다.

'나는 지금 너희들의 고국에 와 있단다.'

지금쯤은 그 당시 초등학생이었던 아이들은 고등학생이 되어 있을 것이고, 솔로몬처럼 그 중 나이가 많았던 아이들은 대학생이 되어 있을 것이다.

지금도 나는 국제난민에 관한 이야기만 나오면 한국 이름을 따라 부르며 좋아하던 눈망울이 초롱초롱한 미얀마 아이들이 생각난다.

'어디에서 어떻게 살고 있는거니?'

'학교 잘 다니고 있는거지?'

마음이 황량한 날은 빵집에 가자

2015.11.02

나에게 주어진 삼 주 동안의 휴가가 즐거운 것만은 아니다. 며칠을 다람쥐 쳇바퀴 돌 듯 집안에서 돌다보니, 외딴섬에 고립되어 있는 것처럼 마음이 황량해졌다. 어머니께 전화를 드렸다. 핸드폰으로 두 번, 집전화로 두 번이나 신호를 보냈건만 어머니의 전화는 부재중이다. '팔 순 노모는 어디에 가신 걸까?'

빵집에 가자.

빈 배낭을 메고 집을 나섰다. 내가 가는 빵집 '빠다리아'는 저녁 6시에 빵이 나온다. 카피라이터 이만재님의 책 제목처럼, 막 쪄낸 찐빵을 사기 위해 사람들은 여섯시가 되기 전 부터 줄을 서서 기다리고 있다. 나도 그들 속에 어정쩡하게 합류하여 차례를 기다렸다.

빵집 '빠다리아'에서 파는 빵은 참 비싸다. 도너츠 하나에도 2불이나 주고 사야하니 말이다. 그런데 이 시간에 나오는 이 빵은 1불에 여섯 개나 준다. 그럼에도 빵이 쫄깃하고 맛있다. 이름은 모르겠는데 노릇노릇 잘 구어진 바게트 같은 빵 껍질을 뜯어 먹다보면 그 구수한 맛에 끌려 빵에서 손을 놓을 수가 없다.

순서가 되어 나도 한 꾸러미의 빵을 받았다. 빈 배낭에 빵을 넣으니 배낭이 빵빵해진다. 황량했던 마음도 어느새 빵빵하게 차오르며 포만감이 느껴진다. 배낭을 멘 등허리는 빵이 전해주는 따뜻함이 더운 날씨지만 한겨울의 아랫목처럼 아늑하고 포근한 느낌이 든다. 배낭에서 빵 한 개를 꺼내 뜯어 먹으며 바닷가로 향했다. 바닷가 벤치에 앉아 석양을 보며 코코넛을 마시는 것은 딜리에서 누리는 가장 큰 즐거움이다. 오늘은 해지는 시간도 잘 맞으니 그 즐거움을 온전히 누리기로 했다.

그런데 어찌된 일일까, 그날따라 바닷가 주변에 매일 보이던 코코넛 수레가 보이지 않았다. 해변 길이 끝나는 지점까지 따라가 보았으나 코코넛 파는 아저씨들은 한분도 보이지 않았다. 코코넛 아저씨들은 모두 어디로 간 것일까? 마침 그곳을 지나가는 청년에게 "코코넛 파는 아저씨들 어디에 계세요?"하고 물었다. "저기 저 골목으로 가보세요"라는 청년의 말을 듣고 길 건너 골목 안쪽으로 가보니 코코넛 파는 아저씨 한 분이 지나가는 사람들을 무심히 보고 있었다. 아저씨에게 가서 코코넛 한 개를 샀다.

아저씨가 코코넛을 먹기 좋게 손질하는 동안, 나는 배낭에서 빵 하나를 꺼내 아저씨에게 건넸다. 그리고 코코넛을 받아 바닷가로 향하려다가 멈춰섰다. 길가에서 혼자 어색하게 빵을 드실 아저씨를 생각하니 그냥 휭 하니 가기가 그랬다. 그래서 수레 옆에 슬그머니 쭈그리고 앉았다.

나는 수레 옆에서 코코넛을 마셨다.

아저씨도 그 옆에서 빵을 드셨다.

"여기는 지나가는 사람들도 별로 없는데 왜 여기에서 코코넛을 파세요?" 내가 물었다.

"단속하는 사람들이 바닷가 주변에서 못 팔게 해요." 아저씨가 말했다.

코코넛아저씨와 나는 오랜 친구였던 것처럼 이야기를 나누면서 손님을 기다렸다. 신사 한 분이 코코넛 두 개를 사서 오토바이에 매달고 갔다. 아마도 저분은 집에서 아빠를 기다리고 있는 아이들을 위해 퇴근길에 코코넛을 사가는 모양이다. 내 또래의 아주머니 한 분도 코코넛을 하나 사서 들고 간다. 손님이 간간이 찾아오니 다행이다.

어느새 붉은 해는 바다 속으로 잠기고 거리엔 어둠이 깔리기 시작했다. 나는 아저씨와 인사를 나누고 서둘러 집으로 돌아와 배낭에서 남은 빵을 꺼냈다.

이제, 어르신이 되는 친구에게

2015.11.09

딸아이 혼인 하던 날
친정 외삼촌께서 나에게 말씀하셨어.
“조카도 이제 어르신이 되셨구먼.”

그대,
딸아이 혼인 준비하느라
혼자 애 많이 쓰셨네.

누구랑 상의하고 누구랑 다니며 준비 하셨는가.
나는 이렇게 먼 곳에서 마음만 보내고 있으니.

생각해보면 우리는 참 긴 시간을 함께 하였지.
95학번이라는 때 늦은 학번을 달고
국문학과 동문이라는 이름으로 그렇게 처음 만났으니.

인천 제물포역 뒤편에 있던 교회 뒷방에서

우리는 음운론 규칙을 따졌고
두보의 시를 이야기 하면서 30대를 함께 보냈지.

어느 비가 몹시 내리던 날

그날도 우리들의 공부방이었던 교회 뒷방에서
그대는 생각을 글로 전하는 사람이 되고 싶다고 하였고
나는 생각을 입으로 전하는 사람이 되고 싶다고 하였지.

그날 주께서 우리들의 이야기를 들으신게야.
그대는 등단하여 사람들의 마음을 잘 헤아리는 작가가 되었고
나는 이렇게 동티모르에 와서 학생들 앞에 서 있으니 말이야.

그대 생각나는가
인도에 대한 책 한권 달랑 읽고
사십대 중반에 선 두 여자가 겁도 없이 인도로 떠났을 때를

바라나시에서 릭샤를 타고 다니며 본 인도는
너무나 무질서했고 그 무질서가 우리를 들뜨게 했으니

오차라는 시골마을에서는
인도 전통악기 가락에 맞춰 함께 춤을 추었지.

그대 기억하는가.

생로병사가 함께 공존하는
갠지즈강에서 바라 본 세상을

밤새 기차를 타고 가다 이른 새벽,
창밖으로 보이던
인도의 신비로운 아침을.

그로부터 십년 세월을 보내고

우리는 인도에서의 아름다운 기억을 안고
중국 남경 녹구공항에서 다시 만났지.

남경은
양쯔강이 도시를 감싸며 흐르고
옛날과 현재가 공존하는 아름다운 도시였어.

우리는 남경에서
문화의 현장으로 바뀐 공자의 거리를
많은 인파속에 휩싸여 다녔지.

남경대학살이라는

역사의 현장에서 함께 분노했고

남경역 앞 현무호에서
그대는 삶의 현장을 내려놓았고
나는 중국에서의 이 년 세월을 내려놓았지.

그때, 툭툭 내려놓길 잘했어.
뒤끝 없고 쿨 한 우리 아니던가

우리는 마음 편히 중국을 보았으니.

비록 하던 일은 놓게 되었어도
지금까지 일할 수 있었음에 감사하자며
우리는 그렇게 서로를 위로하며 한국으로 돌아왔지.

올 이월,
그날 참 추웠어.

그대를 그렇게 사랑하셨던 그분
우리들 앞에서 소년처럼 '골목길'을 불러 주셨던 그분
그대가 하는 일을 항상 응원하며 자랑스러워 하셨던 그분

소천 하시던 날

애써 슬픔을 참고 서 있는 그대를 보면서
내가 할 수 있는 일이 아무것도 없다는 것이
얼마나 안타깝던지

그분은 그날
자신의 빈자리에 사위라는 귀한 선물을 보내고 하늘로 가셨던거야

나에게 사위는 아직도 백년손님 같지만
사위는 그렇더구만
담장 안에 들어 선 잘 생긴 한그루 나무 같은

그대의 울타리 안에 들어 선 나무도
그대에게 볼수록 대견스럽게 뿌리를 내리고 있을거야.

긴 세월을
얼굴 한번 붉히지 않고 각별한 우정을 나누며 지냈는데
기쁜 날 함께 하지 못함이 참으로 안타깝네.

아이들 신혼여행에서 돌아오면
먼 길이지만 동티모르 한번 다녀가시게.

우리는 인도에서 세상을 보았고

중국에서는 붙잡아야 할 것과 내려놓아야 할 것을 알았으니

동티모르에 와서
앞으로 어르신으로 살아갈 세상을 이야기 해보세.

그대 어르신이 되는 날에

힘들고 어려웠던 길을 수선피우지 않고
묵묵하게 장하게 견디며 성실하게 살아온 그대에게
진심으로 축하하는 마음을 보내네

혼자 의연하게 자리하고 있을 그대와
새 가정을 이루는 신랑신부와 그들이 꾸려갈 가정과
그대를 닮은 둘째 딸을 위해

내가 평생을 의지하는 예수님
거룩하신 이름으로 축복하며 기도하네.

나도 미스터 킴을 만났다
2015.11.16

동티모르에서 유명한 한국사람 중에 '미스터 킴'이 있다.

동티모르사람들은 남녀노소를 불문하고 미스터 킴을 알고 있으며, 그를 만나고 싶어 한다. 우리학교 학생들도 같은 한국 사람이라는 이유만으로 나만 보면 미스터 킴을 아느냐고 물으며 사인을 받아 달라고 한다.

미스터 킴이 동티모르에 들어 왔을 때는 동티모르가 인도네시아로부터 독립을 위한 내전이 한창이었던 2002년이었다고 한다. 그러니까 미스터 킴은 십년도 훨씬 넘는 세월을 동티모르 사람들과 더불어 살아온 것이다. 미스터 킴이 동티모르를 떠나지 않고 이들과 함께 살면서 이 나라 사람들의 마음에 축구로 자긍심을 심어준 만큼, 동티모르 사람들의 미스터 킴에 대한 사랑 역시 한결 같다.

내가 미스터 킴에 대해 안 것은 한국에서 동티모르로 들어 올 때 〈맨발의 꿈〉이라는 영화를 보고 나서이다. 영화 〈맨발의 꿈〉은 축구 유망주로 불리며 한 때 잘나갔던 축구선수가 선수로서의 좌절과 사업 실패의 사연을 안고 동티모르에 들어 와서 스포츠용품 가게를 운영하면서부터 영화는 시작된다.

충청도 끝자락 이름 없는 바닷가에서 공이 좋아 매일 모래사장에서 공을 차며 놀던 소년 미스터 킴은, 자신의 어린 시절처럼 바닷가에서 공을 차며 노는 아이들을 보고 그 아이들에게 축구를 가르친다. 그는 비록 열악한 환경이지만, 아이들에게 축구를 지도하면서 일본 히로시마에서 열리는 리베리노컵 유소년 국제축구대회에 참가 할 꿈을 갖고 열심히 훈련을 시켰다.

모두가 황당한 꿈이라고 말했고, 대회에 참석하기 위하여 일본으로 갈 비행기 표 마련하기도 어려운 상황이었지만 그는 우여곡절 끝에 유소년 축구 선수들을 데리고 대회에 참석하게 된다. 그리고 그 대회에서 동티모르 선수들은 6전 전승으로 당당하게 우승을 차지한다. 그것은 2003년 동티모르에 유소년 축구단이 정식으로 창단됨과

동시에 그가 감독으로 부임한지 일 년 만에 이루어 낸 쾌거였다.

영화 〈맨발의 꿈〉은 여기서 끝나지만, 그는 그 다음해도 유소년 세계축구대회에서 우승을 하여 인도양 사이에 있는 작은 나라, 동티모르를 세계에 알리게 하고 불모지인 동티모르 축구의 기반을 세워 놓았다.

영화에서 유소년 축구대회에 출전 할 길이 막히자 모든 걸 내려놓고 한국으로 돌아가려는 감독에게 "미스터 킴, 가지 마요. 미스터 킴, 가지 마요." 하며 선수들이 울면서 감독을 붙잡는 장면이 나온다.

선수들이 그렇게 애타게 붙잡았던 미스터 킴.

나도 그 미스터 킴을 만나기 위해 태양이 머리 정수리를 태울 것 같이 뜨거운 한낮에 운동장으로 그를 찾아갔다.

그는 땡볕에 그을린 까만 얼굴로 선수들에게 휘슬을 불며 운동장을 누비고 있었다. 운동장에는 선수들이 한 낮의 더위도 아랑곳하지 않고 축구를 하고 있었고, 한 구석에는 많은 아이들이 앉아서 자신들의 차례를 기다리고 있었다.

그 모습을 보고 미스터 킴이 동티모르에서 일으킨 축구의 붐을 실감했지만, 미스터 킴은 선수들이 연습 할 운동장이 여기뿐이고 그나마 아주 더운 시간은 피해서 운동을 해야 하니 선수들끼리도 서로 연습 할 시간을 충분히 갖지 못하는 것이 안타깝다고 했다.

미스터 킴에게 아무것도 없는 이 불모지에서 어떻게 지도했기에 그 짧은 시간에 유소년 세계대회에 나가 우승 할 수 있었는지를 물으면서 "감독님 참 대단합니다."라고 내 생각을 말했다. "내가 대단 한

JOTUN

게 아닙니다. 선수들이 잘 따라 준거지요. 우리 아이들이 대단한 거지요." 그러면서 그는 "동티모르 아이들이 축구는 참 잘하는데 제대로 못 먹어 체력이 약해요. 그러니까 선수끼리 몸이 닿는 것을 싫어하지요. 기초 체력이 없으니 나이가 들수록 체력전에서 밀릴 수밖에 없어요."라고 하며 안타까워했다.

사람들은 미스터 킴이 동티모르에서 맨손으로 축구의 기적을 이루었다고 말한다. 나는 기적은 신념을 가진 자 만이 이루어 낼 수 있는 일이라 생각한다. 또한 축구에 대한 열정이 있었기에 동티모르를 세계에 알리며 축구의 꽃을 피울 수 있었던 것이라 생각한다.

'不狂不及' '미쳐야 미치는 거니까'

미스터 킴이 동티모르에서 축구에 대한 열정과 애정으로 동티모르 사람들에게 준 희망과 기쁨이 참으로 고맙다. 그동안 동티모르 사람들은 독립을 이루기 위하여 많은 피를 흘린 만큼 많은 상처를 안고, 폐허 속에서 힘들게 살아왔기 때문이다.

미스터 킴은 유명해지면서 여러 나라에서 좋은 조건의 스카우트 제의도 받았다. 그러나 미스터 킴, 김신환 감독은 동티모르에 남아 유소년 축구 뿐만 아니라 연령대별 축구단을 만들어 그들 또한 점차로 동티모르 축구를 세계에 알리고 싶다고 한다.

나는 동티모르 사람들과 더불어 꿈을 꾸며 그들과 함께 하려는 미스터 킴의 꿈이 이루어지기를 바라는 마음으로 운동장을 나왔다.

2

아 ~ 아따우로

뜻밖에 우리 눈앞에 나타난 것은 무리를 지은 돌고래였다.
어디에서 왔는지 돌고래 가족은 우리 앞에서 군무를 펼치더니
물속으로 유유히 사라졌고 바다는 다시 잔잔해 졌다.

그것은 아따우로 섬이 우리에게 주는 마지막 선물이었다.

함라하(Hamlaha)

(테툼어로 '배고프다')

2015.11.23

"까분마묵 까분마묵 함라하 함라하

에뚜 따삭 오나 에뚝 따삭 오나 마이 이따 한 마이 이따 한"

동네 어귀에서 아이들이 노래를 부르면서 놀고 있었다. 귀에 익숙한 노래라 나는 걸음을 멈추고 서서 들었다.

"배가 비었네, 배가 비었네, 배고파, 배고파. 밥 다 되었다. 밥 다 되었다. 밥 먹자, 밥 먹자."

아이들이 부르는 노래는 프랑스의 '프레레자크' 동요로 '우리 서로 학교 길에 만나면, 만나면, 웃는 얼굴하고 인사 나눕시다. 여러분, 안녕' 우리가 부르던 동요의 곡에 가사만 다를 뿐이었다.

골목에서 '배고프다'는 노래를 부르며 뛰어 놀고 있는 아이들처럼 나도 그런 유년기가 있었다. 우리의 유년은 항상 배가 고팠다. 그래서 들로 산으로 먹거리를 찾아 다녔다. 우리 세자매가 쑥을 뜯어 오면, 어머니는 밀가루보다 쑥이 더 많이 들어 간 쑥 개떡을 만들어 주셨고 우리는 그것이 잔칫떡 인양 맛나게 먹었다. 논둑을 다니며 개구리랑 메뚜기를 잡아 구어 먹느라 까매진 입을 쓱쓱 문지르고 다니기도 하였고, 담장 밑에 떨어진 땡감을 주어 풀숲에 우려먹기 위해 이른 새벽부터 부지런을 떨기도 했다. 진달래와 아카시아 꽃피는 봄이 오면 꽃을 감상하기 보다는 먼저 간식거리로 생각하고 마구 따먹었던 향기 나는 추억도 있다. 나도 그렇게 배고픈 유년기를 보냈다.

수업시간에 한 학생이 "선생님 어디에 사세요?"하고 물었다. 나는 "레시데레."라고 말하며 "그런데 우리 집 주변에는 왜 그렇게 닭이 많지?" 학생들이 묻지도 않은 닭 이야기를 꺼냈다. "우리 뒷집은 싸움닭을 기르는 집인데 새벽부터 닭들이 얼마나 꼬꼬댁 거리며 시끄럽게 구는지 몰라."라고 말하자 학생들은 "꼬꼬댁"이라는 말이 재미있었는지 일제히 웃었다.

그때 "프로페소라 마누 따니스, 딴바 함라하."라고 한 학생이 테툼어로 정확하게 말하는 소리가 웃음소리 속에서 내 귀에 또렷하게 들어왔다. 루시오의 목소리였다. '선생님, 닭이 배가 고파서 우는 거예요.' 나는 순간 당황스러워 멈칫했다.

동티모르는 열대우림 지역이라서 밀림이 대부분이고 농토를 보기가 힘들다. 그런데다 모두 천수답이고 농약이나 비료가 없이 자연 그대로 농사를 짓기 때문에 수확량이 많지 않아 먹거리가 풍족하지 못하다.

더구나 아직 산아제한이 안 되어 우리나라의 옛날처럼 아이들이 많아 어떤 집은 11남매를 둔 가정도 있다. 또 공장이나 관광산업 같은 2, 3차 산업이 발달되지 않아 공기는 맑고 깨끗하지만 경제가 발달하지 못하였다.

나는 동티모르에 사는 동안 아이들이 무엇을 많이 먹는 걸 본적이 없다. 내가 큰맘 먹고 사주는 햄버거나 피자도 잘 먹질 않고 쳐다만 본다. 나는 아이들이 안 먹어 봐서 그럴 거라 생각 하고 "어서 먹자." 하며 먼저 우적우적 먹었다. 그러나 아이들은 식구들과 함께 먹고 싶어서 그랬다는 것을 깨닫기까지는 시간이 걸렸다. 집에 가져가 동생들과 나누어 먹으라고 싸주면 아주 좋아했다.

'애들아 정말 미안하다. 이 철없는 선생을 용서해라.'

점심시간이 될 때 쯤 학생들은 종종 배가 고프다며 수업을 일찍 마칠 수 없느냐고 묻는다. 그럴 때 나는 학생들에게 "조금만 참자. 곧 끝내 줄께."하며 수업 시간을 다 채우곤 했다. 우리 학생들은 대부분 시골에서 딜리로 유학을 왔으며 학교에 다니기 위해 친척집에서 함께 지내거나 자취를 한다. 첫 수업이 8시에 시작하니 미크로넷을 타고 학교에 오려면 훨씬 이른 시간에 집에서 나서야 할 것이다. 한창 잘 먹고 성장해야 할 나이에 아침식사라고 변변히 하고 왔을까.

수업을 마치고 집으로 오는데, 내게는 새벽잠을 깨우는 시끄러운 소리가 '닭이 배가 고파서 우는 거예요.'라고 말하던 루시오의 말이 내내 귓전에 맴돌았다. 나도 어릴 때 '아침에 우는 새는 배가고파 울고요. 밤중에 우는 새는 님 그리워 운다.'는 노래를 어른들을 따라서 부르며 다녔던 기억이 난다.

'애들아 너희들이 다스리는 나라는 배부르고 풍요로운 나라가 될 거야. 우리도 그랬으니까.'

내 유난이 지나쳤다

2015.11.30

한국은 눈이 내렸다고 한다. 첫눈이 내렸다며 보내 온 사진은 눈 덮인 설악산 사진이었다. 한국에 눈이 많이 내렸나보다. 여기, 내가 살고 있는 동티모르 딜리는 지금 무척이나 덥다. 딜리 인근에 있는 '메띠나로' 라는 곳은 엊그제 기온이 49도까지 올라갔다고 한다. 상상 할 수 없는 더위다.

지난 유월. 내가 동티모르에 들어오던 그때가 아마 가을의 끝자락이었던 것 같다. 그새 겨울이 지나고 봄도 지나고 여름의 문턱에 들어 선 것인지 요즈음은 정말 덥다. 누가 그랬다. 작년 이맘 때 쯤 딜리에 들어왔는데 어찌나 덥던지 택시를 타러 나가는데 숨이 막혀서 할 수 없이 차를 샀다고. 오죽 했을까, 그 마음이 이해가 된다.

동티모르는 건기와 우기 두 계절이 있다. 날씨에 관한 표현도 '마나스'(Manas : 테툼어로 '덥다')와 '말리린'(Malirin : 테툼어로 '시원하다') 이다. 요즘 같은 때는 '마나스 로스'(Manas loos : 'loos' 는 '매우'라는 뜻으로 '매우 덥다'라는 뜻)라고 표현한다. 이제 12월이 되면 우기로 접어들어 비가 오기 시작 할 것이라니 우리나라의 여름에 지나가는 장마철처럼 여기도 장마철이 시작되는 것이다. 단지 동티모르는 장마철이 보통 12월에 시작하여 다음해 5월에 끝나니 여섯 달 정도로 아주 오랫동안 비가 내린다.

나는 요즈음 거꾸로 가는 세상에서 사는 것 같다. 한국은 겨울로 가고 있는데 여기는 여름으로 가고 있으니 말이다. 내 몸은 반백년이 넘는 세월을 봄, 여름, 가을, 겨울 사계의 패턴에 익숙해져 있었으니 그렇게 느끼는 것이 어쩌면 당연한 지도 모르겠다. 날이 더우니 오후 늦게까지 수업을 할 수가 없다.

학생들에게 "수업을 마치고 집에 가서 뭐 할 거니?" 하고 물으면 학생들은 한 결 같이 집에 가서 잠을 잘 거라고 말한다. 나는 그 말에 피식 웃음이 나오지만 "그래 낮에 한잠 자고 공부는 더위 좀 가신 저녁에 하자." 라고 말한다.

딜리에 한낮은 조용하다. 모두 한잠씩 자는 것이 분명하다. 낮잠에 익숙하지 않은 나는 한낮의 더위에도 불구하고 일없이 거리에 나간

다. 나간들 어디에 들어가 시원한 팥빙수 한 그릇 먹으며 더위를 식힐 만 한 곳이 딱히 없다. 멋쩍게 다시 집으로 돌아와 애꿎은 선풍기만 돌려댄다.

엊그제 나는 이사를 했다. 사람들은 나에게 닭울음소리 때문에 이사를 하는 거냐고 말했지만, 미크로넷을 타러 갈 때 너무 더워 차를 타기에 가까운 곳으로 이사를 한 것이다. 이제는 집 앞에서 차를 타니 차를 타기 전부터 땀으로 옷이 범벅이 되지 않고, 학교에 가서도 그렇게 지치지는 않는다.

더위를 따라 오는 것은 강한 햇볕이다. 아니 햇볕이 강하기 때문에 더운 건가? 하여간, 나는 집을 나설 때는 완전 무장을 하고 나선다. 선크림을 바르는 것은 당연한 것이고 선글라스와 모자는 필수다. 때론 마스크도 쓰고 그리고 양산도 챙겨 가방에 넣는다.

중국에서 지낼 때도 나는 양산을 쓰고 다녔다. 내가 살 던 안휘성은 중국 중남부 그러니까 위도 상으로 우리나라 제주도 보다 조금 아래에 있으며 내륙 지방으로 여름에는 유달리 더웠다. 그래서 점심시간도 길었으며 점심식사 후에는 모두 한잠씩 잠을 잤다.

중국의 대학은 학생과 교직원 모두 학교 안에서 생활한다. 내가 있던 대학도 학생과 교직원은 물론 교직원 가족이 모두 한울타리 안에서 생활했다. 그러니 학교 규모가 엄청 나게 클 수밖에 없다. 학교가 크다보니 여학생들은 학교에서 항상 양산을 쓰고 다닌다. 나도 여학생들 속에 묻혀 양산을 쓰고 다녔다.

한번은 앞집에 사는 캐나다인 매슈 교수를 교정에서 만났는데, 그는 나를 보며 싱글싱글 웃었다. 내가 의아하게 쳐다보니 "선생님은 비도 안 오는데 왜 우산을 쓰고 다니세요?" 라고 물었다. 나는 매슈 교수에게 "이것은 우산이 아니라 양산이라는 겁니다."라고 말해 주었다. 그리고 하늘을 보았다. 하늘이 눈부시게 아름다웠다. 슬그머니 양산을 접었다. 이렇게 눈부시게 아름다운 하늘을 주신 그분께 대한 예의가 아닌 것 같아서였다.

동티모르에 와서도 양산을 쓰고 다녔다. 거리에 양산을 쓰고 다니는 사람은 거의 없었지만 개의치 않았다. 오늘도 수업을 마치고 학생들과 미크로넷을 타러 가는데 갑자기 양산이 생각났다. 황급히 가방 안에서 양산을 꺼내 펼쳐 드는데 함께 길을 건넌 남학생이 나에게 돌직구를 날렸다. "선생님, 비도 안 오는데 왜 우산을 쓰세요?" 그 말에 나는 무척이나 당황했다. 내 유난이 지나쳤다는 생각이 비로소 든 것이다. 그래도 여기가 중동 보다는 덜 덥다는데 말이다.

집에 돌아와서도 내내 마음이 불편했다. 바닷가에 나가 코코넛이나 하나 마시고 오면 좋을 것 같았다. 신발을 신으며 슬그머니 양산을 꺼내 구석에 놓았다.

옷에 대한 소견

2015.12.07

국민 대다수가 카톨릭 신자인 이곳 동티모르 사람들은 주일이면 가장 좋은 옷으로 단정하게 차려입고 성당에 간다. 그러니 주일이면 딜리 시내가 다 환하다. 나는 생각하기를 동티모르는 사철 더운 나라이니 옷에 대한 개념이 별로 없을 거라 생각했다.

그런데 동티모르 사람들은 내 생각과는 달리 때와 장소에 따라 격식을 차려 옷을 입었고, 더운 나라지만 보기에 민망한 옷은 더구나 조심해서 입었다. 학교만 보더라도 그렇다. 남자 선생님들은 티셔츠를 입더라도 꼭 칼라가 있는 옷이나 남방을 입고 여선생님들은 원피스나 블라우스에 치마를 입고 출근을 한다. 여선생님들이 티셔츠나 바지를 입고 출근하는 모습은 본적이 없다

나는 동티모르에 들어 올 때 나름 들고 온 옷 보따리가 작은 것은 아니었는데도 그중에 치마는 달랑 하나를 가지고 왔다. 블라우스를 몇 벌 가지고 오기는 했지만 대부분은 라운드 티셔츠에 바지로 편한 옷을 가지고 왔다. 그나마 들고 온 블라우스 몇 벌도 강한 햇볕에 낡고 색도 바래졌다.

딜리에서 사용하는 물은 석회질이 많아 생활용수는 일단 끓여서

식힌 물을 정수해서 사용하고 있지만 옷 세탁하는데 까지 그 물을 사용 할 수는 없었다. 그러니 빨래를 해도 물이 좋지 않은데다 한번 만 입어도 땀이 나서 밤낮으로 옷을 빨아대니 옷이 쉬 헤지는 것은 당연하다. 동티모르에 와서 낡고 떨어져서 옷을 못 입는 다는 것을 실감하며 지낸다. 나는 가끔 구제 옷가게에서 옷을 사거나 서늘할 때를 생각해서 가지고 온 긴소매 옷을 잘라 반소매 옷으로 만들어 입는다.

딜리에는 곳곳에 수선집이 있다. 나는 수선 집을 자주 가는데 이번에 이사를 하면서 수선집도 가까이에 있는 가게로 옮겼다. 그런데 새로 옮긴 수선집 아주머니는 일하는 스타일이 내 스타일과 닮았다. 내 스타일이라 함은 어떤 일에 정교함이나 계산이 없이 그냥 덥석 일부터 시작한다는 것이다.

수선 집 아주머니의 옷 수선하는 스타일이 딱 그렇다. 내가 옷을

가지고 궁상을 떠는 것을 보시던 선생님 한 분이 입으면 시원 할 거라며 인조 원피스 한 벌을 주셨다. 그런데 선생님은 키가 크고 나는 작으니 원피스 길이가 맞지 않아 길이를 줄여야 했다. 수선집을 찾아가 "아주머니, 이 원피스 길이가 길어서 너무 더울 것 같아요. 길이 좀 줄여주세요." 하며 이어 "언제 찾으러 올까요?" 고쳐놓으면 다시 오려고 물었더니 지금 고쳐줄 테니 그냥 기다리란다.

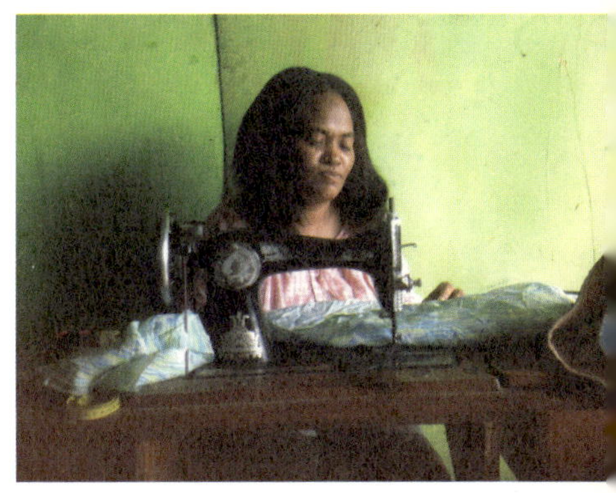

그리고는 뭐라 말할 틈도 없이 자로 재지도 않고 그냥 가위를 들고 싹뚝 싹뚝 치마 단을 자르더니 순식간에 원피스 하나를 미니스커트로 만들어 놓았다. 그 옷을 가지고 집에 와서 입어보니 참, 내가 10대 소녀도 아니고 도저히 그 짧은 원피스를 입고 나설 용기가 나지 않을 것 같았다.

그래서 다음날 원피스를 자르고 남은 천을 가지고 가서 다시 붙여 달라고 하였다. 그랬더니 이번에는 어떻게 박음질을 했는지 치마 길이가 한쪽은 내려오고 한쪽은 올라간 한국에서 잠깐 유행했던 언발란스 원피스를 만들어 놓았다. 그 옷은 결국 원피스를 주셨던 선생님이 길이를 제대로 잡아 떠 주시기로 하였다.

나는 그녀에게 사진을 한 장 찍고 싶다고 말했다. 그러자 그녀는 갑자기 단정하게 묶고 있던 머리를 풀어 빗으로 빡빡 빗더니 머리를 늘어트리고 포즈를 취해 주었다. 내가 단정하게 묶은 머리가 좋다고 해도 지금 모습이 더 좋다며 그냥 찍으란다. 저 고집불통, 어이는 없지만 저 또한 나와 같으니 사랑스럽게 봐 줄 수밖에….

나는 동티모르에 들어 올 때 정장 상의를 두벌 가지고 왔다. 늦봄이나 초가을에 입기에 딱 좋은 그 옷은 어머니께서 주신 옷이다. "이 옷은 네가 사준 거라 좋은 옷이야. 그러니까 가지고 가서 필요 할 때 입어." 라며 어머니가 내 눈치를 보시며 가방 안에 넣어 주신 옷을 나는 이러지도 저러지도 못하고 들고 왔었다.

나는 마흔 중반에 공부를 다시 시작하여 7년이란 긴 세월동안 학교 다니느라, 이어 외국에 있으면서 항상 곤궁하게 지냈다. 그러니 나는 어머니께 제대로 된 옷 한 벌 사드린 적이 없다. 그런데도 어머니는 "니가 사준 옷이니 좋은 옷이다."라며 기억에도 없는 옷을 주셨다. 덕분에 가끔 정장을 입게 되는데 이때마다 어머니가 주신 정장을 적절하게 입는다.

옷은 상대편에 대한 예의로 입는다고 한다. 동티모르 사람들은 어려운 환경 속에서도 그러한 예의를 잘 지킨다. 그들이 꼭 좋은 옷을 입어서가 아니다. 그들이 대 가족을 이루고 어른을 존중하며 살 듯, 옷도 그들이 할 수 있는 한 성의껏 갖추어 입는 것이다.

나는 이곳에 올 때 생각 없이 옷을 꾸려 가지고 왔지만 나도 이들처럼 주일날 교회를 갈 때나 옷을 갖춰 입어야 할 때는 망설임 없이 어머니가 주신 정장 옷으로 차려 입고 길을 나선다.

어머니에 대한 그리움도 함께 걸치고 말이다.

꽃장화를 사 준 친구

2015.12.14

동티모르에 들어올 때 꽃장화를 들고 왔다.

딜리에서 세 번을 이사하는 동안 꽃장화는 언제나 들어오는 입구에 놓여 나보다 먼저 손님을 맞이한다. 내 집을 방문하는 사람들은 꽃장화를 보고 반색하며 말했다.

"어머 한국에서 여기까지 장화를 들고 왔나 봐요?"

인천 공항에서 짐 무게가 넘어 가방 하나를 줄여야 했을 때, 배웅 나온 사람들의 시선이 꽃장화에게 쏠렸을 때도 나는 아랑곳하지 않고 가방 속에 더 깊숙이 넣어 꽃장화를 가지고 왔다.

내가 동티모르에 들어오던 그때는 우기가 막 끝나고 건기가 시작되던 때라 지금까지 비다운 비가 한 번도 온 적이 없다. 언제나 햇볕은 쨍쨍이다. 그러나 12월부터는 우기가 시작 된다고 한다. 나는 꽃장화의 먼지를 닦으며 비를 기다렸다. 이제 12월도 중순이 되었으니 곧 비가 오겠지? 수업시간에 학생들에게 물었다. "우기엔 비가 많이 내리나요? 비가 얼마나 많이 내리나요?" 학생들은 "엄청나게 많이 내려요." 하면서 어린아이들처럼 팔을 활짝 들어 비 내리는 모습을 했다. 나는 꽃장화를 신고 다닐 생각에 미소를 지었다.

꽃장화는 친구가 동티모르에 들어오기 전 날, 거기는 우기에 비가 많이 온다는 내 호들갑을 듣고 사준 분홍색 바탕에 하얀 꽃무늬가 있는 장화다. 우리는 장화를 사러 시내를 돌아 다녔지만, 생각처럼 장화를 파는 곳이 쉽게 눈에 띄지 않았다. 그러다 어느 골목길에서 발견한 신발가게에서 장화를 그것도, 꽃장화를 본 것이다.

나에게 꽃장화를 사 준 그녀는 내 초등학교 1학년 6반 친구다. 그러니 우리의 우정은 반백년의 세월을 지켜온 것이다. 우리는 서로의 집을 오가며 숙제를 하고, 소공녀를 읽고, 공기놀이를 하면서 초등학교를 함께 다녔다. 중학교는 남녀공학을 다녔는데 남학생들이 타고 온 자전거를 몰래 타고 나가 논둑에 쑤셔 박아 놓기도 하고, 머리를 잘라 준다며 '몽실 언니' 머리를 만들어 놓기도 하면서 사춘기를 함께 보냈다.

고등학교를 그녀는 머리를 땋아 내리는 여고를 다녔고, 나는 단발머리를 하는 여고를 다녔다. 그렇게 우리는 서로 학교가 달랐기에 일주일에 한번 씩 주일날 교회에서 만났다. 교회에서 우리는 어른들의 수없는 눈총을 받으면서도 목사님의 설교 시간을 이용하여 일주일 동안의 학교생활을 쉴 새 없이 이야기 했다. 그녀는 지금 교회에서 중고등부 학생회 교사를 맡고 있다는데, 설교시간에 떠드는 학생들에게 무슨 말로 권면하고 있는지 모르겠다.

나는 고등학교 시절 목사님 설교 시간에 그렇게 내내 떠들었던 그 교회에서, 그때 말씀을 전하시던 그 목사님의 주례로 결혼식을 올렸다. 결혼 날짜가 정해지자 그녀가 나에게 물었다.

"결혼 선물로 무엇을 해줄까?"

"내가 생각하는 디자인으로 만든 웨딩드레스를 입고 싶어"

친구의 거침없는 주문에 그때까지 자신을 위하여 그만한 돈을 써

본 일이 없었을 그녀는 교사 초봉으로 내 웨딩드레스 비용을 충당하느라 한동안 힘들었을 것이다.

나는 그 웨딩드레스를 특별한 날에 입다가 딸아이에게 물려주겠다는 야무진 꿈을 꾸었다. 그러나 나는 웨딩드레스를 살살 입고 다닐만한 집에서 살지도 않았을 뿐더러 결혼하고 엄청나게 늘어난 체중 때문에 다시 입어도 못보고 수없이 다니던 이사짐 속에서 어느날 조용히 사라졌다. 웨딩드레스는 사라졌지만 내 평생에 누릴 수 없는 호사로움을 기꺼이 안겨준 그녀에 대한 마음은 우리들이 가지고 있는 추억의 보따리 속에 곱게 들어있다. 더 세월이 흘러 머리염색도 지친 나이가 되었을 때 나는 꽃장화에 대한 추억도 이렇게 끄집어 내 보겠지.

아침에 자리에서 일어나자마자 하늘을 본다.

오늘도 딜리의 하늘은 여전히 맑음이다.

어린 아이를 축복하는 자를 축복 하소서

2015.12.21

동티모르에 들어와서 평소에 약했던 부분들의 증상이 다시 나타나기 시작했다. 그런데 이번엔 그런 것이 아니었다. 이유 없이 열이 나며 온몸이 아팠다.

12월에 접어들면서 한국 사람들은 돌림병처럼 배앓이를 하거나 열병을 앓았다. 방학을 했으니 그동안 긴장이 풀려서 오는 감기 몸살이지 뎅기열이나 말라리아는 아닐 거라고 스스로에게 말하지만 쉽게 기운을 차릴 수가 없었다. 그때 머리맡에 놓인 핸드폰에서 "카톡" 하는 소리가 귀에 들렸다. 그것은 한국에서 며느리가 보내 준 동영상이었다.

인터넷 요금이 비싼 나라에서 살다 보니 동영상은 언제나 와이파이가 잘 터지는 호텔 뒷마당에서 열어 본다. 그러나 지금은 몸이 이러니 호텔까지 가지 못하고 침대에 누워서 동영상을 보았다. 화면 속에서 세 살 된 손녀가 "할머니 사랑해요."라고 하면서 작은 팔을 들어 하트를 만들어 보였다. 나는 누운 그대로 손가락 하나를 까딱하여 동영상을 계속해서 열었다. 동영상이 열릴 때 마다 손녀는 나에게 "사랑해요, 사랑해요."를 지치지 않고 말해 주었다.

"사랑해요."라는 손녀의 말에 힘을 내어 자리에서 일어났다. 그리고 부엌으로 나가서 쌀을 씻었다.

중국에 있을 때 내가 할머니가 될 거라는 말을 처음 들었다. 그리고 그곳에서 며느리가 출산을 하러 병원에 갔다는 연락도 받았다.

학교에 가려고 막 집을 나서려던 참에 그 소식을 들은 것이다. 나는 수업에 집중하지 못하고 안절부절 못하였는데 그 모습을 보고 학생들이 "선생님 무슨 일 있으세요?" 하며 물었다.

"나는 오늘 할머니가 된단다."

손녀가 태어나고 한국에서 몇 개의 이름을 보내왔다.

JEAN : 하나님의 선물

載仁 : 사랑을 나르는 사람

우리 가족은 재인이라는 이름으로 생각을 모았다. 나는 그렇게 재인이 할머니가 되었다.

재인이가 태어나서 직접 얼굴한번 못보고 있다가 노동절 연휴를 맞아 한국에 들어와서 비로소 재인이를 품에 안아 볼 수 있었다. 태어난 지 백일이 된 재인이가 나를 빤히 바라보았다. "내가 너의 할머니란다." 재인이 첫 번째 생일에도 재인이와 함께 하지 못했고 다음달 방학을 맞아 한국에 들어가서 그때야 비로소 재인이의 첫돌을 축하하며 양가 가족이 함께 식사를 나눌 수 있었다.

〈신재인 첫돌에〉

이런 사랑을 알게 하심을 감사드립니다.

작아져서 못 입는 옷이 있다는 것이
얼마나 감사한지를

두발을 딛고 섬 마를 하는 것이
얼마나 장한 일인지를

수화기 속에서 까까라 들려오는 소리가
얼마나 사랑스러운지를

우유 한통을 단 숨에 마신 것이
얼마나 대견스러운지를

할렐루야라 했을 때 손 한번 들어 준 것이
얼마나 은혜가 되는지를

세상 한 편에 보고 싶은 사람이 있다는 것이
얼마나 귀한 사랑인지를

나는 중국에서 이글을 쓰면서 주님의 이름으로 재인이를 축복했다.

〈재인이의 첫 번째 생일에〉

재인이가 주님의 의로움에
앞장서 일하는 일꾼으로 자라기를 소망합니다.

약한 자의 손을 먼저 잡아주는
따뜻한 손을 가진 사람이 되기를 소망합니다.

주님의 사랑을 실어 나르며
세상의 가치를 높여 주는 사람이 되기를 소망합니다.

재인이는 태어난 지 4개월부터 어린이집을 다니기 시작하여 이제 어린이집 3년 차인 고참 원생이다. 지난 학기부터는 집 앞으로 다니던 어린이 집을 옮겨 엄마가 다니는 학교 안에 있는 어린이집을 다니고 있다. 그래서 모녀는 손을 잡고 아침 일찍 집을 나서 가양동에서 버스를 타고 신촌을 오간단다. 이 씩씩하고 부지런하고 대견스러운 모녀에게 나는 그저 주님의 보호하심을 구할 뿐이다.

할머니가 되고 나니 세상에서 보이지 않던 것들이 보이기 시작했다. 세상 속 아이들이 얼마나 사랑스럽고 귀한 존재인지 알게 되었다.

이 땅에 아기 예수로 오신 주여,
바라옵나니
어린 아이를 축복하는 자를 축복하소서.

당귀차를 마시고 싶다

2015.12.28

언제나 한국의 칠팔월 같은 계절을 살고 있으니, 그 날이 그날 같아서 한해의 끝자락에 와 있다는 것이 도무지 느껴지지 않는다. 그래도 달력은 12월 마지막 주를 알리고 있으니 한해를 보내면서 하루 쯤 날을 잡아 호사를 누리고 싶다.

한국에 있을 때도 가끔씩 이런 날이 있었다. 한 학기 수업을 잘 마쳤다거나 김장을 한 다음날 또는 오랫동안 미루어 놓았던 일을 끝냈을 때처럼 내 작은 수고를 칭찬해 주고 싶은 날은 자신을 위하여 호사를 부여하고 싶었다. 어쩌다 사소한 일로 오해가 생겨 누군가와 마음이 불편하거나 오랫동안 산모롱이(대부도에서 살던 집 이름)에서 적조하게 지내고 있을 때도 휭 하니 시화 방조제를 넘어가 마음을 돌리고 제자리로 돌아오고 싶은 때가 있었다. 그런 날은 영화를 보았다. 영화를 보고 난 후엔 여운을 안고 좋아하는 빵집에 들러 갓 구워 낸 빵을 사기도하고 찻집에 들러 키위주스를 마시기도 했다. 이 코스는 내가 누릴 수 있는 호사로운 시간이었다.

요 며칠 극장에 가서 영화를 한 편 보고 싶었다. 그리고 입에 맞는 음식도 사먹고 싶었다. 특별히 호사를 누릴 만큼 장한 일을 한 것은 아니지만 그래도 한 학기 수업을 잘 마쳤고, 더위를 먹고 배앓이를 하고 있어도, 그런대로 잘 견디며 살고 있으니 한번 쯤 그런 호사를 누려도 되지 않을까 싶기도 했다.

무엇보다도 딜리에는 2개의 상영관을 갖춘 극장이 하나 있으니 극장에 한번 가보고 싶다는 마음이 언제나 숙제처럼 남아 있었다. 2012년 딜리에 극장이 생겼다고 한다. 그 이전에는 영화를 어떻게 보았을까 살짝 궁금하다. 미크로넷 10번 버스를 타면 극장 앞에 내리니 용기를 내어 한번 가 볼만도 하건만 낯선 곳에서 혼자 영화를 본다는 것이 즐거움 보다는 오히려 두려움이 될 수도 있다는 생각이 들어 망설여졌다.

또한 딜리의 하루는 일찍 시작 된다. 새벽을 알리는 닭울음소리로 일제히 기상나팔을 불기 시작하면 여기저기서 매캐한 나무 타는 냄새와 함께 구수한 밥 냄새가 코끝에 스민다. 딜리는 이렇게 하루를 일찍 시작한 만큼 하루가 일찍 마무리 된다. 저녁 일곱 시가 되면 시내를 다니던 미크로넷은 거의 끊긴다. 택시 역시 밤엔 다니지 않는다. 미크로넷도 택시도 다니지 않는 밤은 오직 차를 가진 자들만의 세상이 된다. 그래서 날이 어두워진 이후엔 거의 밖에 나가 본적이 없다. 더구나 요즈음은 우기 철이 시작되어 밤낮없이 비가 내리니 영화를 보러 갈 엄두를 못내는 것이 그 이유 중 하나이기도 하다. 그저 창밖으로 내리는 비를 보면서 내가 만든 여주 차를 한잔 마시며 마음을 달래는 것이 고작이다.

딜리는 과일 가게나 야채가게 또는 대형 마트에서 여주를 판다. 어렸을 때 흐물거리는 빨간 여주 속을 손가락으로 집어 먹었던 기억이

있지만 그 이후 여주를 거의 본적이 없다. 설령 보았더라도 무심코 지나쳤을 여주를 딜리 곳곳에서 파는 것을 보고 여주에 관심을 갖기 시작했다. 동티모르 사람들은 여주를 볶아서 반찬을 해 먹지만, 나는 여주를 얇게 썰어 잘 말려서 살짝 볶아 두고 물병에 몇 개씩 넣어 차로 마신다. 여주차는 당뇨에 특히 좋다고 하지만 나는 차의 쌉싸름한 맛이 마음을 차분하게 만드는 것 같아 좋다.

그래도 이렇게 종일 비가 내리는 날은 따뜻한 당귀차가 제격이다. 겨울에 산모롱이에서 마시던 당귀차 생각이 간절하다. 산모롱이의 겨울은 참 을씨년스러웠다. 바닷가라고는 하지만 직접 바다와 접한 것도 아닌데 봄, 여름, 가을에는 그렇게 정겹고 아름다운 산모롱이는 겨울만 되면 변심한 사람처럼 딴 모습을 하고 달려들어 마음을 황량하게 만들었다.

물론 겨울은 춥기도 하지만, 낯선 모습을 하고 있는 산모롱이에 정을 붙이려고 연탄난로를 놓았다. 그리고 들통에 당귀와 감초를 넣어 곰국을 끓이듯 난로위에 올려놓고 얼마만큼 시간이 지나면 산모롱이는 당귀향기로 가득 찼다.

난로 옆에 앉아 잘 우러난 당귀차 한잔을 마시면 마음까지 따뜻해졌다. 당귀차는 독특한 향과 함께 입안을 개운하게 하는 뒷맛이 좋다. 차를 다 마신 후에도 당귀향이 입안에 그대로 향기로 남아 있다. 당귀가 뇌혈관 질환을 뚫어 주는 가장 좋은 예방약이라고 하니 당귀차를 마시면 머릿속에 구석구석 쌓여있는 노폐물이 나 빠져 나갈 것 같은 기대로 기분까지 좋아진다.

영화는 뭘~.

문득 자신을 격려하며 호사를 누리는 것도 스스로 만들어 할 일은 아니라는 생각이 든다. 오늘은 그저 당귀차 한잔이 마시고 싶다. 당귀차를 마시며 감사로 한해를 마무리하고 싶다.

크리스토 레이,
그 아이러니한 길을 걷다

2016.01.04

크리스토 레이까지 완주하겠다는 마음으로 길을 나섰다. 정상까지는 걸어서 족히 네 시간은 걸릴거라 했다. 한낮의 더위가 만만찮은 딜리에서 네 시간을 걷는 것은 무리다 싶어 살짝 긴장이 되었다. 하늘이 참 맑고 깨끗하다. 날씨가 변덕만 부리지 않는다면 걷기에 딱 좋은 날이다. 일단 나서보자. 동행자가 없어도 좋다.

신정연휴의 거리는 한산했다. 이웃집 레나는 오늘도 쉬지 않고 가게 문을 열었다. 레나와 새해 인사를 나누고 행선지는 웃음으로 알렸다. 바닷가로 향해 걷다보니 거리에 무언가 두리번거리는 것이 보였다. 개 인 줄 알았는데 가까이 가서 보니 돼지다. 새끼 돼지가 먹을 것

을 찾아다니고 있었다.

딜리는 동물들의 천국이다. 길을 걷다보면 개, 닭, 돼지, 염소 등 집짐승은 모두 만난다. 그중에 개는 언제나 무섭다. 새벽에 쓰레기통을 뒤지다 먹을 것을 찾지 못한 개들이 화가 나서 간혹 사람을 무는 경우가 있다. 어느 분도 아침에 산책을 하다가 개들에게 물려 싱가포르에 있는 병원까지 가서 치료를 받고 오신 일이 있다.

골목을 돌아서니 멀리 버거킹이 보였다. 버거킹은 외국 기업으로 들어 온 딜리의 유일한 패스트푸드점이다. 나는 패스트푸드점에서 파는 소프트콘을 좋아한다. 오늘까지 휴일인지 버거킹 문이 굳게 닫혀있다. 아쉽지만 다음에 지나갈 때는 꼭 소프트콘을 사먹어야지 속다짐을 했다.

바닷가에 서니 맞은편에 아따우로 섬이 보이고, 저편으로 크리스토 레이가 보였다. 크리스토 레이는 딜리의 동쪽으로 바닷가가 끝나는 지점의 언덕에 서 있는 예수상을 말한다. '크리스토레이Cristo rei'라는 말은 포루투갈어로 'Christ the King' 이라는 말이다.

인도네시아는 1976년 동티모르를 인도네시아의 27번째 주로 편입한 것을 기념하기 위하여 딜리 동쪽 해변에 예수상을

세웠다. 이슬람국가인 인도네시아에서 인구 92% 이상이 카톨릭 신자인 동티모르 딜리에 27m의 대형 예수상을 세워 준 것이다. 이 예수상은 '브라질 리우 데 자네이루'에 있는 예수상 다음으로 세계에서 큰 예수상이라고 한다.

크리스토 레이로 가는 길은 딜리에서 가장 아름다운 길이다. 걷다 보니 바닷물 속에서 수영을 하는 아이들의 모습이 보였다. 나도 그냥 아이들과 물속에서 첨벙거리며 놀고 싶었다. 때론 어른이라는 옷이 무척이나 거추장스러울 때가 있다. 다른 한편에서는 물고기를 잡으러 가기 위해 배를 띄우는 사람들의 모습도 보이고, 서서 낚시를 하는 사람들의 모습도 보였다. 이런 날은 낚시도 좋을 듯하다. 하지만 어딘지 낚시하는 모습이 어설퍼 보여 뭐가 잡히기나 할까 싶기도 했다.

사내아이 둘이 모래사장에서 플라스틱 통 하나를 가지고 놀고 있다. 곁에서 모래 장난을 하던 여자아이 둘이 나를 보고 달려와서 내 앞에 수줍게 섰다. 아이들의 모습은 언제나 천진하다. 청년들이 바닷가에서 기타를 치며 노래를 부르다가 나를 보고 인사를 하며 알은 체를 한다. 그들의 사랑스러운 모습도 젊음도 좋다. 상냥한 젊은이들을 만나고 나니 기분이 한결 좋아졌다.

걷다보니 태양은 점점 더 뜨겁게 내리 쬐고, 부실한 왼쪽다리에 힘이 슬슬 빠지기 시작했다. 처음부터 크리스토 레이까지 걷기에는 무리한 일이었다. 그럴 요량이었으면 동트기 전 이른 새벽에 집을 나서야 했다. 자꾸만 내가 저 길을 꼭 걸어 완주해야 하는가 하는 생각이 들기 시작했다. 찻집인가 싶은 빨간 집 까지 만 걷기로 하고 돌아 서기로 했다.

남은 길은 다음에 걷기로 하자. 때로는 무모한 고집을 내려놓아야 할 때가 있다. 돌아서니 마음이 편했다. 돌아오는 길은 바닷길이 아닌 마을길을 택했다. 모래사장에서 놀던 아이들이 어느새 나를 보고 달려와 활짝 웃으며 내 앞에 섰다.

마을길은 바닷길에서 볼 수 없는 다른 모습을 하고 있었다. 동네 곳곳에 아기 예수의 모습을 만들어 놓은 마구간이 보였다. 동티모르 사람들은 성탄절이 되면 마을 마다 서로 돈을 추렴하여 말구유에 누운 아기 예수를 마구산에 반들어 놓고 예수님의 탄생을 축하드린다. 마구간은 마을 사람들의 공동 작품이므로 동네마다 그 분위기가 다르다. 말구유 앞에서 사진을 찍는 내 모습을 보고 아이 하나가 다가왔다. 아이에게 이름을 물었다. 아이는 야무지게 자신의 긴 이름을 말했다. 그리고 동네에 꾸며진 말구유 모습이 자랑스러운 듯 그 앞에 서서 모델처럼 촬영을 흔쾌히 받아 주었다.

길가에서 아저씨 한 분이 반갑게 인사를 하며 나에게 어느 나라 사람이냐고 물었다. 한국 사람이라고 했더니 한국, 일본, 중국 사람들은 얼굴이 같아서 잘 모르겠다고 하여 함께 웃었다. 길가에 서서 그와 이런저런 이야기를 나누다 새해 인사를 나누고 헤어졌다.

비록 크리스토 레이까지 완주는 못하고 돌아선 길이지만 아이들의 얼굴에서 평화로운 세상을 보았다. 늦게 가지만 소박하게 살아가는 사람들이 꾸며 가는 세상을 본 것으로 충분히 족하다.

새해다.

동티모르 사람들과 더불어 웃고 우는 자로 한해를 보내고 싶다.

아 ~ 아따우로

2016.01.11

有朋遠來

한국에서 동티모르까지 오는 길은 쉽지 않다. 직항이 없으니 동티모르 딜리공항에 내리려면, 인도네시아 발리공항이든 싱가포르 창이공항을 경유해서 와야 한다. 그러다 보니 하룻밤은 어디서든 보내고 와야 하므로 그녀는 발리에서 하룻밤을 묵고 왔다.

딜리에서 많은 사람들의 염려 속에 잘 지내고 있다가도 '그대가 곁에 있어도 나는 그대가 그립다'는 류시화 님의 시처럼 마음이 허허로울 때 그녀가 온 것이다. 이 먼 길을 오라는 사람이나 오란다고 오는 사람이나. 그녀가 오니 마냥 좋았다. 오랫동안 돌림 당하며 지내던 아이에게 힘센 형이 나타나서 아이의 어깨에 힘이 들어 간 것처럼 으쓱해졌다.

두 어 달을 안질 걸린 눈처럼 지금거리는 눈을 하고, 따뜻한 햇볕 아래에서 졸고 있는 병아리처럼 힘없이 지냈다. 그런 나를 보고 선생님 한분이 한국에서 가지고 온 체력이 떨어져서 그런 거니까 이 나라 기후에 적응이 되면 기운을 되찾게 될 거라며 위로해 주셨다.

나는 그녀를 기다리며 이곳에 올 때 마른 김과 단무지를 가지고 오라고 했다. 단무지가 많이 들어 간 김밥 몇 줄 먹으면 힘이 날 것 같았기 때문이다. 그녀는 내 마음을 알았는지 오자마자 단무지를 팍팍 넣어 만든 김밥을 만들어 주었다. 우리는 그 김밥을 가지고 아따우로 섬으로 향했다.

아따우로, 그 섬에 가다

섬나라인 동티모르에는 또 다른 두 개의 작은 섬이 있다. 그 중 하나는 이 나라 최초로 국립공원으로 지정 된 무인도 자코섬과 딜리 앞바다에 서면 바로 앞에 그림처럼 보이는 아따우로 섬이다.

나는 항상 딜리 앞바다에 서서 '저 섬에 가고 싶다'는 생각을 했다.

하지만 그동안 아따우로 섬에 가 볼 기회가 아주 없었던 것은 아니다. 그러나 좋아하는 옷을 아껴 두다 꼭 입고 싶을 때 쓰윽 입고 나서듯, 빛깔 좋은 사과를 차마 먹지 못하고 바구니에 담아 두고 보기만 하는 것처럼 아따우로 섬을 그저 휑하니 그렇게 다녀오고 싶지는 않았다.

우리는 배편에 대하여 미리 알아보고 집을 나섰지만, 막상 바닷가에 서니 어디에서 어떻게 배를 타야 할지 망막했다. 그때 작은 쪽배에 사람들이 오르는 것이 보였다. 우리는 우리를 떼어 놓고 가기라도 할까봐 물속으로 첨벙 첨벙 들어가 배에 올랐다. 오르고 보니 그 배는 아따우로 주민들이 딜리 시내에 나왔다가 들어가며 타고 다니는 배였다. 우리는 아따우로 사람들과 한 배를 탄 일행이 되어 사탕도 나누어 먹고, 한국 껌도 씹으면서 세 시간 가까이 되는 시간을 함께 했다. 쪽배에 스무 남짓이나 되는 사람들이 옹기종기 모여앉아 포말에 튕기는 물방울에도 아이들이나 어른들이나 깔깔거리며 웃다 보니 어느덧 우리를 태운 배는 아따우로 섬에 이르렀다.

우리가 짐을 푼 곳은 모래사장이 정원처럼 보이는 바닷가 작은 집이었다. 나는 그곳에서 쿠바의 아름다운 바닷가에서 하얀 집을 짓고 말년을 보냈다는 헤밍웨이가 생각났다. 우리는 헤밍웨이 부럽지 않다며 김밥을 꺼내 놓고 늦은 점심을 먹었다.

아따우로 섬은 대부분 높은 산이었고, 주민들은 바닷가 쪽에서 옹기종기 모여 살고 있었으며 마을길에는 어디나 잘 생긴 야자나무들이 늘어 서 있었다. 우리는 인도에서 탔던 릭샤 같은 택시를 타고 아따우로 섬을 둘러보다가 운전 하던 청년에게 코코넛이 먹고 싶다고

말했다. 청년은 "그럼 친구 집에 코코넛이 있으니 그곳으로 가자."고 하더니 우리를 친구의 집으로 데리고 갔다.

우리들이 코코넛을 마시고 싶어 한다는 말을 들은 친구는 집안으로 들어가더니 코코넛 대신 뭉툭하고 긴 칼을 들고 나와서 어딘가로 달려가기 시작했다. 우리는 영문도 모르고 청년의 뒤를 따라 달려갔다. 청년은 아파트 10층 높이는 족히 될 것 같은 큰 야자나무 앞에 섰다. 그리고 긴 칼을 허리춤에 차고 두 다리를 원숭이처럼 벌리더니 나무를 순식간에 오르기 시작했다. 그리고는 들고 간 칼로 코코넛을 하나씩 땅으로 떨어뜨리기 시작했다. 우리는 코코넛을 따는 현장을 볼 수 있다는 것이 마냥 재미있고 즐거웠다. 코코넛 따기를 마친 청년이 야자나무에서 내려왔을 때, 우리는 청년을 향하여 박수를 힘차게 쳐 주었다.

그렇게 나는 동티모르에 와서 처음으로 즉석에서 딴 코코넛을 마셨고, 그녀는 오자마자 마시는 행운을 누렸다. 우리가 남국의 정취에 흠뻑 빠져있는 동안 어느새 해는 저물고 하늘에 별들이 하나씩 나오기 시작했다. 춥지도 덥지도 않은 아따우로 밤바다 모래사장에 누웠다.

그런데 어쩌란 말이냐. 내 평생에 보았던 별들을 다 모아 놓은 것처럼 아따우로의 밤하늘에 별들이 반짝였다. 잠시만 해찰하다 다시 하늘을 보면 별은 또 다른 모습으로 더욱 밝게 비추었다. 우리의 눈을 자신들만 보라고 말하는 듯이 말이다. 하지만 우리는 별들에게 미안했지만 밤이 깊어 어쩔 수 없이 숙소로 들어왔다. 새벽의 바다는 어젯밤의 별만큼이나 경이로운 일출을 보여 주었다. 다시 해가 떠오르고 주일 아침은 밝았나.

나는 아따우로 섬에 가면 꼭 주일을 지키려는 생각을 했었다. 왜냐하면 동티모르는 카톨릭 국가라고 할 수 있을 만큼 국민 대다수가 성당에 다닌다. 그런데 이 작은 아따우로 섬에 교회가 있고 주민 대부분이 개신교 신도들이라는 말을 들었기 때문이다. 예배는 아홉시에 드린다고 했다. 예배 시간에 맞춰 우리도 준비를 하고 길을 나섰다. 주민들이 사는 오솔길을 따라 교회를 가는 길은 그 어디에도 견줄 곳이 없을 만큼 아름답고 평화로웠다. 교회가 점점 가까워지자 식물원에서나 볼 수 있는 꽃들이 만발해 있었고, 그 꽃길을 지나니 소박한 교회가 있었다.

교회 마당에는 아기를 안은 새댁들이 함께 찬양을 하고 있었다. 예배당에 들어서니 갑자기 가슴이 뭉클해지며 중국에서 한국으로 돌아와 처음 교회를 들어섰을 때와 같은 마음이 들었다. 중국에서 살 때, 인근에 교회가 없어 주일이면 인터넷을 통하여 예배를 드렸다. 그러나 인터넷 사정이 안 좋아 대부분 혼자 예배를 드리다가 한국에 들어와 본 교회에서 예배를 드릴 때, 성도들과 함께 맘껏 찬양하며 예배를 드릴 수 있음이 너무 감사해서 눈물이 왈칵 나오던 그 마음을 그곳에서 느낀 것이다. 작은 교회는 성도들로 꽉 차 있었고 그들이 부르는 찬양과 기도소리는 크고 뜨거웠다.

예배를 마친 뒤 아따우로를 뒤로 하고 딜리로 오는 배에 올랐다. 지도상에 점으로도 표시가 안 되는 아따우로 섬이지만, 우리가 아쉬워하는 마음을 알았을까. 뜻밖에 우리 눈앞에 나타난 것은 무리를 지은 돌고래였다. 어디에서 왔는지 돌고래 가족은 우리 앞에서 군무를 펼치더니 물속으로 유유히 사라졌고 바다는 다시 잔잔해 졌다.

그것은 아따우로 섬이 우리에게 주는 마지막 선물이었다.

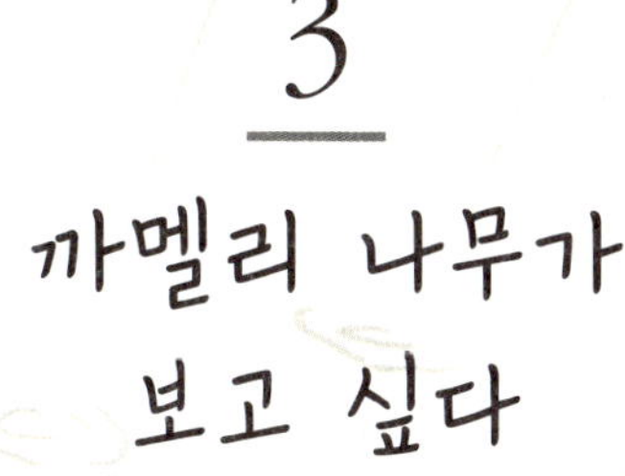

3

까멜리 나무가 보고 싶다

동티모르 사람들의 마음에 애잔하게 남아있는 나무가 있다.
그 나무의 이름은 '까멜리 나무'(sandal wood)다.
까멜리 나무는 우리가 알고 있는 백단나무다.
백단나무는 달콤하면서도 상쾌한 향내가 나는데,
중심부에 있는 심부분에서 단맛의 향이 나며 색도 진하다고 한다.

나는 자코에 다녀왔다

2016.01.18

누군가 나에게 말했다.

무인도 자코에서 하루쯤 지내는 것은 버킷리스트에 올려도 좋을 거라고. 또 누군가는 자코를 말하기를 지상에 이런 곳이 있었나 싶었다며 친상이 있다면 이런 곳이 아니었을까 라고.

내 생각도 그랬다.

천상은 결코 인공적으로 잘 가꾸어 놓은 곳이 아닌, 처음 그분이 만들어 놓으신 그 모습 그대로 자연의 순리대로 존재하는 곳 일거라고.

자코 가는 길이 그랬다.

동티모르에서 살다보면 거리가 몇 ㎞인가는 중요하지 않다. 시간이 얼마나 걸리느냐가 중요하다. 자코를 다녀 온 사람들은 차로 족히 여덟 시간은 걸린다고 했다. 그 정도 시간이 걸리는 곳이라면 소풍을 나서듯 가볍게 떠날 곳은 아니었지만, 마음만은 소풍을 떠나는 아이처럼 들떠 아침 일찍 일어나 주먹밥을 싸며 부산을 피웠다. 힘을 팍팍 주어 꼭꼭 눌러 싼 주먹밥과 망고, 파파야, 제철이라 한껏 맛이 오른 파인애플까지 과일을 챙기고 커피도 탔다.

이제 떠나기만 하면 된다.

여행에 달뜨고, 쪽빛 바다에 취한 우리 일행은 누가 먼저랄 것도 없이 '고래사냥'을 부르고, '섬마을 선생님'을 부르며 딜리에서 자코로 향했다. 우리를 태우고 가는 차는 어떠한 험한 길에도 너끈히 갈 수 있는 사륜구동차다. 그래서 인지 키가 작은 나는 차에 오르내리기가 힘들었다. 그래도 우리를 태운 사륜구동차는 곳곳에 험한 길이 나와도 큰 요동 없이 의연하게 잘 달려 주었다.

동티모르는 면적이 우리나라 강원도 크기 정도지만 산악지대가 80% 이상을 차지하고 있으며 대부분 험한 산이다. 사람들은 주로 바닷가에 접한 도시에 살지 않으면 산에 옹기종기 모여 살고 있다.

산속 길로 얼마를 갔을까? 고산지대에 믿어지지 않을 만큼 큰 호수가 나왔다. 그러나 호수는 우기 철인데도 비가 오지 않아 안타깝게도 소나무 등걸처럼 바닥이 드러나 있었다. 이 호수에 살고 있다던 악어는 어디로 갔을까.

바다는 바라보는 것만으로도 마음을 사로잡았고, 산은 들어갈수록 산속에서 살고 있는 사람들의 모습을 볼 수 있어 좋았다. 집집마다 대가족이 살고 있는 것을 빨랫줄에 길게 널려있는 빨래가 말해주고 있었다. 나는 어디서나 빨랫줄에 널어놓은 빨래를 보면 평화롭게 보여 좋다.

지금은 거의 볼 수 없는 풍경이지만 빨랫줄에 널려 있는 하얀 아기 기저귀가 바람에 펄럭이는 모습을 볼 때나 이불 호청이 길게 펼쳐진 모습을 볼 때면 그 안에서 살고 있는 사람들도 서로 다정하게 지낼 것 같은 마음이 들었다. 자코로 가는 길에 보이는 마을들이 그랬다. 아이들 옷부터 할아버지 옷까지 길게 늘어 선 옷들이 빨랫줄 위에서 햇볕에 뽀송뽀송하게 마르고 있었다.

간간이 논에 물을 대고 모를 심을 준비를 하고 있는 모습이 보이기도 했지만 대부분 논들은 천수답이어서 가뭄에 논이 거북등처럼 갈라지고 있었다. 오랜 가뭄이 어서 끝나고 속 시원히 비가 내려주길 바랬다. 사람 손이 타지 않은 숲길은 울창하고, 나뭇잎은 새순에 녹음이 짙어지기 시작하는 유월의 나무처럼 싱그러운 모습을 하고 우리를 맞이하고 배웅했다.

어느 만큼 왔을까, 더위에 지치고, 거리 개념 없이 달려 온 시간에 지친 우리가 잠시 졸고 있는 동안 '뚜뚜알라'라는 곳에서 이정표 하나가 우리를 기다리고 있었다.

발루 자코 8㎞.

그러나 문제는 거기서 부터였다. 차를 타고 가느니 차라리 기어서 가는 편이 더 나을 듯 했다. 처음부터 길로 만든 곳이 아니었다. 찻길은 더욱이 아니었다. 그냥 사람들이 다니던 숲에 차가 가고 있을 뿐이었다. 8㎞가 80㎞보다도 더 멀게 느껴졌다. 어찌나 길이 험한지 몇 번이나 내려서 걸어가고 싶었다. 그러나 운전을 하는 빌럽은 침착했다. 스물다섯 살 나이가 믿어지지 않을 만큼 차분하게 그 험한 길을 동요 없이 우리를 자코섬이 보이는 바다 앞에 내려 주었다.

무려 아홉 시간이나 오는데 휴게소는 물론 식당도 없었다. 차안에서 주먹밥과 과일을 먹고, 경치 좋은 바닷가에서 잠시 빵과 커피로 점심을 대신하며 강행군을 하여 도착한 곳, 발루 자코. 그 감회를 무엇으로 표현 할 수 있을까.

자코섬이 보였다.

하늘과 바다가 맞닿아 있는 저편의 섬으로 저벅저벅 걸어가면 될 것 같았다. 하지만 우리는 쪽배를 타고 10여분을 간 뒤 드디어 자코섬에 닿았다. 쪽배가 우리를 내려놓고 또다시 돌아가자 누군가 저배가 돌아오지 않으면 무인도에서 원시인으로 살아야 된다고 해서 마냥 달뜬 일행의 웃음은 허공으로 퍼져나갔다.

누가 알까?

자코, 이 작은 섬을.

자코의 바닷물 속에서 이름 모를 조가비를 줍고, 물놀이를 하고, 모래성을 쌓고, 바닷속 세상을 보며 놀았던 그 즐거움을 내 지인들은 내 기억이 멈추는 날까지 평생을 들으며 살아야 할 것이다.

저녁은 생선구이를 먹기로 했다.

자코에 도착하자마자 부탁한 생선구이는 언제나 나오려는지. 우리가 "함라하Hamlaha"를 외쳐도 소식이 없다. 답답한 마음에 주방 쪽으로 가보았다. 할아버지 한분이 활활 타고 있는 장작불을 제쳐놓고 장작에서 떨어진 작은 숯으로 생선을 천천히 굽고 있었다.

밤하늘에 초승달이 떠오르고 별들이 나오기 시작했다. 아따우로에서 보았던 별들은 친절하게도 발루 자코의 밤하늘에서 다시 한 번 우리에게 인사를 하고 있었다. 가끔은 별똥별도 보여주며.

사람 손이 타지 않은 아름다운 섬 자코에서 하루를 보내며 시름이라 명하는 모든 것들을 내려놓을 수 있었던 오늘은 우리의 삶에 있어서 얼마나 행복한 여정이었나. 깊은 밤, 잠을 청하는 우리들의 귀에 대고 '뚜개'라 부르는 도마뱀들이 밤새 "뚜깨, 뚜깨"하며 소리를 질렀다. 그 속에서도 잠을 잘 수 있음이 감사했다.

이른 아침, 어제 배를 타고 자코섬으로 향했던 곳으로 가 보았다.

할아버지 몇 분이 긴 대창을 들고 허리춤에 칼을 차고 물고기를 잡으러 바닷가 쪽으로 걸어가고 계셨다. 대창으로 잡을 물고기를 생각하니 어젯밤 우리가 먹은 생선구이에 대창으로 찔린 상처가 있었던 것이 생각났다.

자코의 사람들은 그렇게 살고 있었다.

느리게…….

천천히…….

타이스를 짜는 피나네 집

2016.01.25

지난 주 토요일, 나는 피나 네 집에 다녀왔다. 피나는 지난해 졸업한 내 제자다. 나는 수업시간에 종종 타이스(Tais : 동티모르에서 손으로 짜는 직물)에 대하여 이야기를 하였다. 동티모르에서 손님을 맞이할 때나, 환송의 인사로 타이스를 걸어주는 정중한 모습이 좋았고, 그러한 문화를 존중하기 때문이다.

어느 날 피나가 "선생님, 우리언니도 집에서 타이스를 짜요."라는 말을 들은 후로 피나네 집에 한번 가보고 싶었다. 피나 언니가 타이스를 짜는 모습도 보고 싶었고, 또 동티모르 사람들이 사는 모습도 보고 싶었기 때문이다. 그러나 피나가 졸업을 하고 자연스럽게 연락이 끊겼는데, 어느 날 전화를 하여 집에 한번 오라는 연락을 한 것이다.

초행길은 언제나 염려가 앞서지만 무모한 용기를 무기처럼 들고 다니는 나는 일단 친구와 함께 길을 나섰다. 핸드폰이 없는 피나는 누구의 핸드폰으로 전화를 한 건지 "미크로넷을 타고 10번 종점에서 내려 '리퀴샤'로 가는 버스로 갈아타고 '깐또르 텔레모르'라는 곳에서 내리세요."라는 말을 하고 연락이 끊겼다.

차는 이정표도 없는 바닷길을 계속 가고 있었다. 이러다 서티모르

인 인도네시아까지 가는 것은 아닐까 살짝 염려가 들 즈음 길가에 서서 우리를 기다리고 있는 피나가 보였다. 마을은 한낮의 더위 때문인지 한적했다. 집에 다다르니 피나 네 집 역시 사람이 살지 않는 것처럼 조용한 정적이 흘렀다. 피나가 집안으로 들어 간 사이 친구와 나는 집 앞에 있는 의자에 앉아 숨을 돌렸다.

그때 안에서 피나의 아버지가 나왔다. 산에서 일하다가 내가 온다는 연락을 받고 급히 내려왔단다. 피나 아버지와 반갑게 인사를 나눴다. 이어 안에서 피나의 할머니께서 나오셔서 할머니께도 인사를 드렸다. 잠시 후에 아기를 안고 피나의 작은 어머니라는 분이 나와서 인사를 했다. 작은 어머니가 집안으로 다시 들어가고 이어 오빠, 언니, 동생, 사촌동생, 조카 등 가족이 한명씩 나와 수줍게 인사를 하고 안으로 들어갔다.

피나 네 가족처럼 우리도 대가족이 함께 모여 살던 때가 있었다. 그때 우리도 이들처럼 손님이 오면 멋쩍은 모습을 하고 한 사람씩 나와 인사를 하고 수줍게 그 자리를 피했던 것 같다. 그들은 인사를 하고 다시 안으로 들어갔는데 들어 간 후에도 집안은 역시 조용하였다. 피나네 집에서 목소리가 큰 건 나와 피나 뿐이었다.

언제나 뒷자리에서 조용하게 수업을 듣던 모습은 어디로 가고 활발한 피나의 모습 속에는 타이스를 목에 두른 주인공처럼 으쓱함이 느껴졌다.

피나는 아버지가 코코넛을 따 놓으셨다며 우리를 뒤뜰로 데리고 갔다. 뒤뜰에는 피나 아버지와 오빠가 코코넛을 마시기 좋게 다듬고 있었다. 우리가 코코넛을 마시며 보니 피나네 가족들은 창문과 부엌문에 서서 비죽이 우리들이 코코넛 마시는 것을 보고 있었다. 어쩌다 보니 동네 아이들도 담장 옆에 서서 우리들을 지켜보고 있었다. 아이들에게 함께 사진을 찍자며 다가갔더니 카메라가 무슨 괴물이나 되는 듯이 꽁무니가 빠져라 내뺐다가 어느새 슬쩍 다시 와서 포즈를 취해 주었다.

뒤뜰에 있는 평상에는 피나 언니가 짠다는 타이스 틀이 놓여 있었다. 피나 언니에게 "언니는 타이스를 잘 짠다."고 피나가 말했다고 했더니 그녀의 얼굴에 금세 순박한 웃음이 환하게 퍼졌다. 나는 타이스를 짜는 모습이 보고 싶어서 피나 언니에게 부탁하였으나 피나 언니는 그 말에 끝끝내 응해주지 않았다. 우리들 앞에서 타이스를 짜는 모습을 보여주는 것이 왠지 쑥스러웠던 모양이다.

피나 아버지는 우리와 사진을 찍고 싶어 했다. 피나 가족이 앞뜰에 한 명씩 나와 환영해준 것처럼, 창문으로 우리를 보고 있다가 한 명씩 나오는 바람에 우리는 한 번에 사진을 찍지 못하고 멤버를 바꾸며 세 번에 걸쳐서 사진을 찍었다. 내가 그렇게 웃으면서 사신을 찍자고 하여도 수줍은 미소만 지으면서 말이다.

피나네 가족과 사진을 찍고 나서 우리는 피나 언니가 짰다는 타이스를 구경했다. 피나 아버지는 타이스를 우리에게 선물로 주고 싶어 했지만 우리는 어깨에 걸치는 타이스 몇 개와 원통형의 타이스, 식탁보 등을 정중하게 계산해 드렸다. 피나 아버지는 코코넛을 가지고 가라며 집을 나서는 우리를 붙잡았다. "코코넛 자르는 칼도 없고, 물이 나오는 곳을 몰라 가져가도 마실 수 없어요."했더니 "집에 이런 칼이 없느냐?"며 못내 아쉬워했다.

비록 타이스를 목에 걸어주며 폼 나게 작별 인사도 못하는 피나네 가족이었지만, 우리들의 가는 뒷모습을 조용히 지켜보고 있는 그 순박한 정을 뒤로 하고 우리는 피나 네 집을 나왔다. 골목길 집집마다 창문에 서서 동네 아이들도 돌아가는 우리들을 지켜보고 있었다.

집으로 돌아오자마자 피나 네 집에서 사온 타이스를 펼쳐보았다. 다시 보니 타이스는 피나네 집에서 보던 것보다 더 과감한 색상을 사용하여 화려했다. 숫기 없고 수줍음 많은 그들의 모습과는 다르게 말이다.

타이스는 동티모르 여성들이 직접 손으로 짠 직물로 타이스를 전통의상으로 입을 때 남성 옷은 끝에 술이 달린 직사각형, 여성들은 원통형의 원피스를 입는다. 그리고 길고 얇은 타이스는 손님이 오면 환영 인사로 타이스를 어깨에 둘러 준다. 또한 작별 인사를 할 때도 타이스를 목에 걸어주며 이별의 아쉬움을 대신한다.

타이스에는 'TIMOR LESTE' 국가 이름을 글자로 새기던지 주인공의 이름을 넣어 주기도 한다. 이렇게 받은 타이스는 행사가 진행 되

는 동안 어깨에 걸치고 있다가 행사를 마치면 식탁보나 가구의 소품으로 멋스럽게 사용하면 된다.

타이스는 동티모르 여성들이 어머니로부터 짜는 법을 배워 이어가는 기술이며 일거리다. 그래서 동티모르에서 딸이 태어나면 바늘과 실을 준비하여 축하하는 전통이 있다. 또한 타이스는 전통의상 뿐만이 아니라 천을 이용하여 가방, 지갑, 식탁보, 액세서리 등 다양한 물건을 만든다. 타이스의 색상이나 디자인은 지역마다 조금씩 다르지만 천연 염색을 한 실을 사용하며 색상은 모두 곱고 화려하다.

지난해 말, 우리학교에서 근무하던 선생님 한분이 임기를 마치고 본국인 일본으로 돌아갔다. 그때 환송회 자리에서 교장 선생님은 커다란 타이스를 선생님 목에 걸어 주었다. 선생님은 타이스를 목에 두르고 능숙한 테툼어로 고별인사를 하다가 끝내 눈물을 흘렸다.

나는 그 선생님의 모습에서 그동안 학교와 학생들에 대한 애정이 보이는 듯하여 가슴이 뭉클했다. 선생님은 타이스에 담긴 동티모르 사람들의 정도 함께 담아서 떠났을 것이다

나도 때가 되어 내 고국으로 돌아가는 날, 타이스를 목에 두르고 학생들과 작별을 고할 생각을 하니 벌써부터 코끝이 찡 해진다.

바다에서 만난 그들

2016.02.01

이른 아침이다.

모처럼 게으름을 떨치고 바닷가를 거닐었다.

바닷가에서 그와 그녀를 보았다.

그

물고기를 잡으러 나가기 위해 준비를 마친 그는 아직도 잠이 덜 깬 아들을 앞세우고 그의 작은 배에 올랐다. 바다도 아들처럼 아직 잠이 덜 깬 것일까. 새벽 바다는 고요했다. 이런 날은 물고기를 잡기에 좋은 날인 것 같다.

아버지와 아들이 탄 작은 배는 모래사장을 떠나 바다를 향해 나갔다. 아들을 태우고 바다로 나간 그는 어디까지 가서 물고기를 잡아오려는 걸까? 그들 부자를 태운 배는 멀리 앞바다를 지나 인도양 바다를 가르며 간 것인지 시야에서 보이지 않았다.

종일 그는 물고기를 얼마나 잡았을까?

그는 어떤 물고기를 잡아올까?

작은 배라 아무래도 다랑어 같이 큰 물고기는 잡을 수 없을 것 같다.

저녁에 다시 바닷가에 나가보았다. 하늘을 불태우던 노을이 지고 있는데도 이른 새벽에 나갔던 그 배는 보이지 않았다.

대신 그의 가족인가? 물속에서 놀고 있는 아이들 옆에 누군가를 초조하게 기다리는 아낙의 모습이 보였다. 그때, 큰 배 사이로 멀리 작은 배 한척이 들어오고 있었다. 배가 가까이 와서 보니 아침에 나갔던 그 배였다.

온 가족의 기다림 속에서 배가 서서히 가족 앞으로 다가왔을 때 그의 가족은 모두 그와 그의 아들을 반겼다. 그리고 가족이 모두 매달려 그들 부자가 종일 잡아 온 물고기를 내리고 그물도 씻으며 일손을 도왔다. 대충 정리를 마친 그의 아내는 물고기 몇 마리 들고 서둘러 집으로 갔다. 어서 나뭇단에 불을 지펴 가족을 위해 밥을 짓고 남은 숯으로 생선도 구울 요량인가 보다.

그와 그의 아들은 잡아 온 물고기를 팔기 좋게 끈으로 엮었다.

아마도 그들은 물고기를 팔러 시내로 나가려는 모양이다. 나는 델리에 사는 동안 생선가게를 본적이 없다. 물론 마트의 냉장고에 냉동된 생선을 본적이 있지만, 생물은 어깨에 메고 다니며 파는 사람들을 보았을 뿐이다. 그들은 다니면서 생선을 사라고 방송을 하고 다니는 것도 아니다. 그저 지나가는 사람이 보고 사주기를 기다리며 묵묵히 양 어깨에 생선을 지고 길거리를 다니는 것이다.

종일 아들과 함께 망망한 바다에 나가 물고기를 잡았고, 이제 아들의 양 어깨에 물고기를 얹혀 거리로 함께 나서야 하는 그의 마음을 내가 어찌 헤아릴 수 있겠는가. 그가 집으로 돌아갈 때는 그의 어깨와 아들의 어깨에 지워 진 짐이 가벼워지기만을 그저 바랄 뿐이다.

그녀

그전에도 바다에서 돌을 줍는 그녀를 몇 번 본적이 있다, 오랜만에 오늘 갯벌에서 돌을 줍고 있는 그녀를 다시 보았다. 그녀는 나와 간단히 인사를 나누고 부지런히 하던 일을 계속하였다.

그녀가 서두르는 것은 날마다 바다에서 돌을 주울 수 있는 것이 아니기 때문이다. 한낮에는 돌을 주울 수 없으니 이른 아침시간을 이용해서 돌을 주워야 했다. 아침시간이라고 한 달 내내 주울 수 있는 것도 아니다. 조수 간만의 차를 고려하여 물이 많이 빠진 날을 택해야 하고, 요즘처럼 우기에는 아침마다 비가 오니 그나마 돌을 줍지 못하는 날이 많은 것이다. 바다에서 돌을 줍는 다는 것은 쉬운 일도 아니다.

나는 수년 전, 아이들을 데리고 서해안 갯벌에서 조개를 캔 적이 있다. 아이들은 조개를 하나씩 캘 때 마다 "엄마 하나 캤어요." "두 개 캤어요." 하면서 재미있어 했다. 나 역시 조개가 모여 지는 것이 즐거웠다. 그런데 아이들과 나의 즐거움도 잠시, 더위에 지치고 힘들어서 얼마 못하고 조개 캐기를 그만 두었다. 그런데 조개를 캐는 일도 힘들었지만 무엇보다도 조개가 어찌나 무겁던지 캔 조개를 가지고 갯벌을 걸어 나오는 일은 더 힘들었다.

그 때 나는 조개 캐는 일 즉 바다에서 일을 하는 것이 얼마나 힘든 일인지를 알 것 같았다. 그래서 그때 한 가지 결심을 한 것이 있다. 조

개를 살 때 절대로 값을 깎거나 조금 더 얻으려 하지 않겠다고 말이다. 조개를 캐는 이의 수고를 생각한다면 조금 더 먹겠다고, 몇 개 더 얻겠다고 억지를 부리면 안 된다는 것을 잠시의 경험이었지만 깊게 느꼈기 때문이다.

그렇기에 그녀가 바다를 다니며 돌을 줍는 일이 힘든 일이며 주운 돌을 길가까지 나르는 일 또한 얼마나 힘든 일인지 나도 조금은 알 것 같았다.

우리들도 예전에 강변에서 자갈을 채취하여 팔았던 적이 있다.

일거리가 없는 농촌의 겨울. 우리네 아버지와 어머니 그리고 동네 청년들은 돌을 주워 팔았다. 강변을 다니며 돌을 줍다 보면 조약돌이나 자갈만 있는 게 아니어서 크고 못난이 돌들도 많았다. 그런 돌들은 망치로 잘게 부수어 골재로 팔기에 좋게 만들었다. 모아 놓은 돌을 길가에 쌓아 놓으면 필요한 건축업자가 와서 한 트럭에 얼마씩 계산을 히여 주고 싣고 갔다. 그렇게 돌을 주워 판돈으로 우리들노 농한기인 겨울을 지낸 적이 있다.

그녀는 열심히 주워 모아 온 돌을 크기와 색깔과 모양대로, 예쁜 조약돌과 울퉁불퉁한 못난이 돌끼리 구분하여 놓았다. 그렇게 구분하여 자루에 담아 놓은 돌을 사람들의 눈에 잘 띄는 길가에 놓으면 사람들이 지나가며 보고 필요한 데로 한 자루씩 사간다. 그녀가 주운 돌은 대부분 한 자루에 2불 정도에 팔린다고 했다.

돌을 주울 수 있는 날 그녀는 종일 몇 자루에 돌을 주울 수 있을까? 그녀가 주운 돌이 꼭 필요한 사람에게 금방 금방 팔려나갔으면 좋겠다. 그녀가 주운 돌 속에 가족의 생계가 들어 있을 테니 말이다.

까멜리 나무가 보고 싶다
2016.02.15

나는 나무가 좋다.

그래서 핸드폰 속에 지인들의 이름을 내가 좋아하는 나무로 저장하여 나무숲을 만들어 놓았다. 개암나무, 계수나무, 단풍나무, 동백나무, 대나무, 버드나무, 배롱나무, 전나무, 포도나무 …….

나무를 좋아하는 나의 마음은 동티모르에서도 여전하다.

딜리는 아름다운 나무에 쌓여있는 도시이고, 거리를 걷다 보면 커다란 나무들도 많이 볼 수 있다. 그 커다란 나무들은 오래 된 나무라서 거목이 되어 마을 곳곳에 당당하게 서있다.

날마다 바닷가를 거닐면서 만나는 거목의 이름은 '아이 할리'다. 테툼어로 '아이ai'는 '나무'라는 뜻이다. 그러니까 '아이 할리'는 한국어로 '할리나무'인 것이다. 할리나무는 동티모르가 32개 종족이 모여 한 나라를 이루어 살고 있듯이 작은 줄기들이 서로 이어져 하나의 큰 중심을 이루고 서있다. 그래서 할리 나무를 볼 때 마다 도대체 이 나무는 나이가 몇 살이나 될까 궁금하다.

비록 나이를 알 수 없는 할리나무지만 소박하게 살고 있던 동티모르 사람들이 인도네시아로 부터의 지배에서 독립의 뜻을 세웠을 때는 소신을 굽히지 않고 강하게 나가던 그들을 격려하며 묵묵히 지켜보고 있었을 것이다.

동티모르는 할리나무 외에도 여러 종류의 나무들이 많이 있다.

우리나라의 시골에 집집마다 한 그루씩은 있는 감나무처럼 동티모르도 '하스'(mango) 나무는 꼭 있다. 거기에 '누'(coconut), '사브라카'(orange), '후디'(banana), '아보카띠'(avocado), '꿀루'(jack fruit), '아이딜라'(papaya)같은 과일 나무가 있고 그 외에도 '안또리', '마리아', '누아바', '쌈뚜꾸' 같은 활엽수 등이 있다.

또 하나, 동티모르 사람들의 마음에 애잔하게 남아있는 나무가 있다. 그 나무의 이름은 '까멜리 나무'(sandal wood)다.

까멜리 나무는 우리가 알고 있는 백단나무다. 백단나무는 달콤하

면서도 상쾌한 향내가 나는데, 중심부에 있는 심부분에서 단맛의 향이 나며 색도 진하다고 한다. 다른 부위에 비해 향이 강하게 나는 심재부분을 백단향이라고 하는데 백단향은 마음을 진정 시켜주고 정신집중과 각성작용을 하여 우울증, 불안증, 불면증 치료에 사용된다. 또 목공예품을 만들 때 가장 좋은 재료로 쓰이며, 향료와 방부제, 가구 등 다양하게 쓰인다.

까멜리 나무는 동티모르처럼 열대 밀림인 산악지대에서 잘 자라는 나무다. '아이 까멜리ai-kameli' 또는 '아이 까멜린ai-kamelin'이라고도 하는데 '까멜리 나무'는 예쁜 이름처럼 이름에서도 향기가 배어 있는 것 같다. 동티모르에서 자란 까멜리 나무는 특히 향이 진하고, 오래가기로 유명하며 16세기, 포루투갈 상인들에 의하여 서구에 알려졌다고 한다. 그러나 1769년 포루투갈이 동티모르를 점령한 이후 까멜리 나무는 그들에 의해 뽑혀나가는 수난을 겪으며 동티모르에서 점차로 사라져갔다.

나는 까멜리 나무를 보려고 딜리에서 동북쪽에 있는 '메띠나로'라는 지역을 가서 사람들에게 물어 보았다. 그 때 그들은 커피나무를 지켜주는 쌈뚜꾸 나무를 알려주어 진짜 까멜리 나무를 볼 수 없었다. 며칠 전에는 딜리 서쪽에 있는 '에르메라'라는 도시를 가는데 산길이 우리나라 강원도길 같이 구불구불하였지만 나무가 많아 주변사람들에게 몇 번이나 까멜리 나무를 물어 보았다. 그러나 그곳에도 없다고 하여 결국 '에르메라'에서도 못보고 그냥 돌아왔다.

까멜리 나무를 보고 싶어 하는 나를 보고 한 학생이 '수와이'에 가면 볼 수 있다고 했다. 그러나 '수와이'는 딜리에서 서남쪽 끝에 있는 도시로 길이 험하고 교통편이 좋지 않아 가볍게 떠날 만한 도시는 아니다. 그래도 연휴가 있는 어느 날 나는 까멜리 나무를 찾아 '수와이' 에 가보려고 한다.

까멜리 나무는 예전에 우리나라 느티나무처럼 동네 어귀에 서 있기도 하였고, 자작나무처럼 숲을 이루고 있었다는데 지금은 동티모르에서 내가 다니는 어느 곳에서도 볼 수가 없으니 안타까울 뿐이다.

까멜리 나무는 30년은 자라야 연필심만 한 심부분이 생겨나고 적어도 70-80년은 자라야 채산성이 있다고 한다. 그들은 카멜리나무를 뽑은 자리에 커피나무를 심게 하여 지금은 커피를 생산하고 있다고 하니 꼭 커피나무가 자라고 있는 그 자리가 아니어도 좋다.

한 여름날 적당히 풀을 먹여 잘 다려 입고 나서는 모시옷의 자태처럼 우아하고, 속살 깊은 곳에서 나오는 은은한 향기로움으로 동티모르를 적시며 그렇게 어딘가에서 심기우고 자랐으면 좋겠다. 언제인가 잠시 동티모르에 들렀을 때 "아, 내가 그렇게 찾았던 까멜리 나무가 이렇게 동티모르 곳곳에서 자라고 있었구나." 하는 기쁨을 누릴 수 있으면 좋겠다. 그것은 비단 나 같은 이방인의 생각만은 아닐 것이다.

까멜리 나무를 마음 속에 심고 살아가는 동티모르 사람들에게는 더 큰 바람일 것이고, 어쩌면 내가 모르는 어딘가에서 그렇게 자라고 있을지도 모르겠다.

그가 남기고 간 선물

2016.02.24

우리 집 입구에 이발소가 들어왔다. 나는 너무도 조용해 오픈 하루 전에야 알게 되었다. 무심히 지나다닌 탓도 있었지만 딜리사람들은 소박해서 보자기를 펼친 크기의 현수막 하나로 신장개업을 알리고 있었기 때문이다. 이발소를 보면서 내 머리도 편안히 맡길 수 있는 곳이 있었으면 좋겠다는 생각을 했다.

나는 중·고등학교를 다닐 때 단발머리를 하는 학교를 다닌 이후로 거의 머리에 변화를 줘 본 적이 없다. 변화를 두려워하는 성격 탓도 있겠지만 달리 머리를 손질하는 재주가 없었기에 단발머리가 제일 편했다.

언니는 나에게 파마를 권했다. "수 십 년을 그 단발머리를 보는 사람들은 너를 볼 때 마다 얼마나 지루 하겠니?"하며, '보는 사람들을 생각해서 머리에 변화 좀 주라'는 이유를 들어서 말이다. 그러나 내가 파마를 했을 때마다 느끼는 것은 머리에 가채를 쓴 것처럼 파마머리를 이고 있는 느낌이 영 불편했다. 또한 손재주가 없으니 파마머리를 한 이후의 내 머리는 제멋대로가 되어 더 봐 줄 수가 없었다.

한번은 내 머리 모양새를 보다 못한 친구가 나에게 말했다. "어이 친구, 머리 좀 어떻게 하지." 그 말을 들은 이후 나는 파마머리도 단념하고 은발의 단발머리 할머니로 늙어 가겠다고 생각하며 머리문제는 더 이상 신경을 쓰지 않기로 했다. 은발의 단발머리를 하고 다닐 거기에 염색을 할 필요도 없으니 그 또한 편한 일이었다.

동티모르에 들어 올 때 나는 머리를 아주 짧은 단발머리로 자르고 왔다. 그러나 그 머리가 자라니 더워서 견딜 수가 없었다. 그래서 새꼬랑지 같이 머리를 묶고 다니다 그 모양새도 이상하여 어쩔 수 없이 맘먹고 미용실에 간 적이 있다. 내가 들어 간 미용실은 커트 비용도 한국보다 배는 비싸고 무엇보다 내 의견은 뒤로한 채 미용사 취향에 맞게 머리를 잘라 주어 그 후로 다른 미용실도 선뜻 들어가지지 않았다.

한번은 나에게 인조 원피스를 주셨던 선생님께서 신경이 쓰였는지 이번엔 내 머리를 잘라 주시겠단다. 그래서 선생님께 맡긴 내 머리카락은 선생님의 야무진 손끝에 의해 시원하게 잘려 나갔다. 내 머리 커트를 마친 선생님께서 앞으로 비죽비죽 자라나오는 머리카락은 거울을 보면서 살살 다듬어 보라고 하셨지만 손재주 없는 나는 아예 머리에 손을 댈 생각을 안했다. 내 무관심 속에 시간이 흐르며 머리는 장마에 잡초 자라듯 각기 원하는 방향으로 잘 자랐다.

지난 달 내가 살고 있는 딜리로 남편이 왔다. 그가 왔을 때 나는 공항에서 목에 타이스를 걸어주며 환영했다. 태국에 있을 때나 중국에 있을 때 나는 그에게 한 번도 내가 있는 곳에 와보라고 한 적이 없다. 그런 나에게 내심 섭섭하기도 했겠지만, 그 역시 내가 살고 있는 곳에 굳이 오려고 하지도 않았다. 그런데 동티모르는 한번 오고 싶었나

보다.

딜리에 오던 날, 그는 내 머리를 잘라 주었다. 결혼 생활 삼십년이 넘도록 파마를 하고 있던, 단발을 하던 머리에 대하여 한마디 도 말이 없던 그가 공항에서 타이스를 들고 서있는 나를 본 것이 아니고 내 머리만 보았나보다.

의자에 나를 앉혀놓고 보자기를 목에 두르며 그가 말했다.

"나도 군대에서 사병들 머리 많이 깎아주었어." 묻지 않은 말을 그는 계속했다. "당신들 교회 식사 당번하고 있을 때 학생들 머리도 많이 깎아 주었잖아. 우리 아이들도 어렸을 때는 내가 깎아 주었고." 내가 생각하기로 그가 가위를 놓은 것은 십년은 족히 넘은 것 같다. 그런데도 그는 차분하게 내 머리카락을 단정하게 잘라 주었다.

그는 딜리에서 한 달을 지내면서 낮엔 더위 때문에 어디 마음대로 다닐 수도 없었다. 내가 학교에 가는 주중에는 집에서 혼자 있으면서 알아듣지 못하는 중국 방송을 켜 놓고 있기도 하고 간단한 테툼어 공부를 하기도 했다. 수돗물을 끓여 정수기에 걸러 놓기도 하고 어느 땐 여주를 사다가 햇볕에 말리기도 하면서 묵묵하게 지냈다.

그렇게 한 달을 보내고 그가 한국으로 돌아가기 전날, 우리는 동티모르 국립대학교 교정도 거닐고 동티모르 역사관도 관람하며 그동안 딜리에서 가보지 못한 곳을 다녔다. 그는 딜리에 있는 동안 '내가 본 동티모르'라는 제목의 글을 일기 쓰듯 매일 쓰고 있었다. 이제 그 글도 쓰기를 마쳤다며 노트북을 덮으면서 그가 나에게 말했다.

"의자에 앉지."

"머리 깎아 주고 갈께."

“빨리 자라지 않도록 아주 짧게 깎아 줄게.”

그는 그렇게 내 머리를 또 한 번 짧게 잘라주고 오늘 한국으로 돌아갔다. 출국장으로 들어가는 그의 뒷모습을 보니 흰 머리가 비집고 나와 희끗희끗 했다. 그를 배웅하고 공항에서 돌아 와보니 한 달 동안 신고 다니 던 슬리퍼가 문 앞에 덩그러니 놓여 있었다. 떠나기 전에 빠진 것이 없나 몇 번을 살피 던 그는 슬리퍼는 챙기지 않았나 보다.

그가 두고 간 것은 슬리퍼 뿐 만이 아니었다. 화장실에 갔더니 검은 비닐봉지 하나가 보였다. 봉지 속에는 뜯지 않은 염색약이 그대로 들어 있었다.

어느 해 내 생일에 들고 온 소국처럼 오늘 오래 동안 기억에 남을 선물을 주고 그는 갔다. 화장실 거울 속에 보이는 내 모습은 낯설었지만 내 짧은 머리는 나에게 남겨 놓고 간 또 하나의 선물이었다.

풋내 나는 참외가 먹고 싶다

2016.03.03

딜리에는 바나나처럼 사철 먹을 수 있는 과일이 있는가 하면, 꿀루나 수카에르(Tamarind)처럼 잠깐 나왔다 들어가서 눈에 띌 때 사 먹지 않으면 일 년 동안 먹을 수 없는 과일도 있다. 그래도 아보카도, 수박, 피피야, 망고와 같은 것은 자주 눈에 보이는 과일이고, 사과나 배처럼 수입과일도 마트에 가면 언제든지 살 수 있다. 그렇지만 딜리의 대형 마트에서도 볼 수 없는 과일도 많이 있다. 그 중에 하나가 참외다.

나는 참외를 좋아한다. 참외를 좋아하는 것을 안 누구는 나에게 '임참외'라 부르기도 했다. 참외는 다른 과일처럼 강하지 않으나 평범하면서도 은근한 맛을 가지고 있다. 나는 노란 참외의 농익은 향기도 좋고, 진초록의 풋 참외에서 나오는 신선하고 풋풋한 그런 향기도 좋다. 밭에서 막 딴 참외를 두 손에 들고 맡아 보는 향내를 그 누가 알까. 자연의 색깔은 어떤 색깔도 유치한 색이 없는 것처럼, 자연의 향기는 사람이 만들 수 없는 향기로움이 신비롭게 들어 있다.

엊그제 나는 뜻밖에 반가운 소식을 들었다. 딜리 가까이에 한국인이 가꾸는 농장이 있는데 거기에서 참외가 재배되고 있다는 것이다. 더구나 지금은 참외가 익어가는 중이라 밭에서 직접 딸 수 있다고 했다. 그 말을 들은 나는 토요일에 있던 선약도 취소하고 참외밭에 갔다.

농장은 딜리에서 조금 벗어난 '헤라'라는 곳에 있었는데, 그곳에는 고추, 가지, 호박, 오이가 한국에서처럼 자라고 있었다. 게다가 참외가 때를 맞춰 풍성하게 열매를 맺어 눈으로 보는 것만으로도 행복했다. 참외 밭을 돌아다니며 내 기억은 어느새 유년으로 돌아가고 있었다.

무성한 잎 속에 살포시 숨어 있기도 하고, 우리 육남매처럼 한 줄기에 매달려 동글동글 자라고 있던 그런 참외 밭이 우리 집에도 있었다. 할아버지는 냇가 가까이에 있던 밭에 참외를 심으셨다. 한 여름날 친구들과 냇가에서 물놀이를 하며 놀다 지치면, 우리는 살금살금 참외밭으로 갔다. 그때 어린 소견에도 잘 생긴 참외는 차마 따지 못하고 조금은 못난이 참외를 골라 따 먹었다. 친구들 집처럼 다른 농작물을 마다하고 왜 할아버지는 우리 밭에 참외를 심으셨는지 모르겠지만 참외는 친구들에게 부러움이었다.

달빛 밝은 밤, 우리 가족은 평상에 둘러 앉아 모깃불 피워 놓고 참외를 먹었다. 그런 밤에는 참외를 먹으며 정담 만 나누는 게 아니어서 우리는 '오빠생각', '낮에 나온 반달'같은 동요를 부르기도 하고, 언니들과 '푸른 하늘 은하수'를 부르며 손뼉 놀이를 하기도 했다. 그리고 어느 땐 어머니께서 들려주는 동화 '부잉이' 이야기를 들으면서 평상에서 잠이 들기도 했다.

내가 초등학교를 들어 갈 즈음 우리는 유년의 추억을 각자의 기억 속에 담고 고향을 떠나 아버지의 직장이 있는 도시로 왔다. 그리고 몇 년 후 할아버지도 참외 밭을 팔고 우리들 곁으로 오셨다.

풋내 나는 참외가 먹고 싶다

임옥훈

나 어렸을 때
할아버지께서는
백마강가 모래밭에
참외를 심고 원두막을 지으셨다.

잘 익은 것들은 아침마다
할아버지의 지게를 타고
부여 장으로 나가고

학교에서 뛰어 온 내겐
봉숭아꽃 물든 손톱만큼
땅자리가 먹은
푸른 듯 노리끼한
설익은 참외가 기다리고 있었다.

하나 따서
옷자락에 모래만 쓱쓱 문지르고
한입 베어 물면
입 안 가득 넘치던 풋내
이 세상 어디에
그런 상큼한 맛이 있을까.

또다시
풋내 나는 참외 먹고
풋내 나는 사람이 되고 싶다.

이 시를 쓴 임옥훈은 나의 큰언니이다.

요셉이를 부탁합니다

2016.03.14.

Jose Ramos da Silva.

나는 이 학생을 '요셉'이라 부른다. 요셉이는 지난해 우리학교를 졸업한 학생이다. 하얀 이를 드러내며 밝게 웃던 명랑한 학생이었다. 손재주가 좋아서 친구들의 머리를 이발소 아지씨보다 더 멋있게 깎아주고, 정이 많은 학생이라 주변에 친구도 많았다. 수업시간에는 언제나 제일 앞자리에 앉아서 내 수업을 열심히 들었으며, 영특하여 질문에 대답도 잘했다.

지난해 우리 학교를 졸업 한 학생 중에는 대학에 진학한 학생도 있고, 졸업과 동시에 고향으로 돌아 간 학생도 있다. 그러나 요셉이는 한국으로 일을 하러 가겠다며 한국어 학교에서 한국어 능력시험 준비를 하고 있었다.

한국어 능력시험은 공장과 어업분야에서 일을 할 수 있는 두 가지 유형이 있다. 어업분야는 시험과 신체검사에 합격하면 서류 준비가 되는 데로 바로 한국으로 들어가 일을 할 수 있는 반면, 공장으로 가는 경우는 수요가 많지 않아 시험에 합격해도 기다려야 하는 기간이 길다. 그래서 요셉이는 합격하면 바로 가서 일할 수 있는 어업분야에

시험을 보겠다고 했다.

나는 요셉이에게 한국에서 일을 하려면 어업 쪽 보다는 공장으로 가는 것이 좋겠다고 말했다. 바다에서 일을 한다는 것이 이제 막 고등학교를 졸업한 요셉이에게 힘들지 않을까 염려가 되었기 때문이다. 그러나 요셉이는 "선생님, 걱정 마세요. 잘할 수 있어요."라고 자신 있게 말했다. 나는 "요셉아, 한국의 겨울은 몹시 추워. 바다는 더 추울거야."라며 한국의 겨울 날씨도 걱정이 되어 말했다. 요셉이는 '춥다'라는 것이 어느 정도인지 실감할 수 없으면서도 막연하게 겨울을 기대하는 것 같았다. 태어나서 한 번도 눈이 내리는 것을 본적이 없기에 한국에 가면 눈을 볼 수 있다는 것만으로도 들떠 즐거워하였다.

며칠 전, 한국어 능력시험이 딜리에서 있었다. 요셉이가 오후에 시험을 본다기에 오전 수업을 마치고 한국어 학교로 가보았다. 형님뻘 되는 청년들 속에 요셉이가 대기실에서 시험공부를 하고 있었다. 나는 찹쌀떡 대신 준비해 간 주스와 사탕을 주며, 시험장으로 들어가는 요셉이를 격려해 주고 집으로 돌아왔다.

얼마나 시간이 지났을까.

요셉이에게 전화가 왔다. "선생님 저 시험에 합격했어요." 수화기 속에서 요셉이의 상기 된 목소리가 들렸다.

"우와 ~ 축하해, 수고했어, 정말 잘했어!"

요셉이의 말에 나도 상기되어 아낌없는 칭찬을 해주었다.

어제 점심에 요셉이를 만나 다시 한 번 합격을 축하해주고 점심 식사를 함께 했다. 요셉이는 병원에서 신체검사를 받고 오는 중이라며 "한국에서 돈을 벌어와 고향의 집도 고치고, 동생들도 공부시키며 좀 더 나은 환경에서 가족과 함께 살고 싶다."고 말했다. 그 말을 들으니 이제 막 19살이 된 요셉이가 기특하기도 하고, 이제 정말 한국으로 일하러 떠나는 구나 실감이 났다.

한국에 가면 핸드폰에 카톡을 만들어 연락하자며 한국 전화번호를 알려주고 요셉이와 헤어져 돌아오면서도 나는 생각이 많았다.

그래. 겨울 추위에 대해서 너무 염려하지 말자. 대한민국이 북극에 있는 것도 아니고, 시베리아처럼 그렇게 추운나라는 아니니 우리나라 정도의 겨울 한철 추위는 견딜 수 있을 것이다.

일도 그렇다. 우리나라 청년들은 그 나이에 군대에 가서 군사훈련을 받고 있다는 것을 생각하면 요셉이도 한국에서 어떤 힘든 일도 해낼 수 있을 것이다.

언어도 크게 걱정할 것은 아니다. 요셉이는 테툼어를 사용하지만, 포르투갈어로 수업을 받았고, 영어와 인도네시아어로 말 할 수 있으니 언어에 두려움 없이 한국어도 쉽게 배울 것이다.

그래도 염려가 되는 것은 요셉이가 외국인이라고 차별을 받아 마음에 상처라도 받게 되면 어쩌나 싶었다. 큰 기대를 하고 간 한국에서 혹시라도 실망을 하게 될까봐 걱정이 되었다.

나는 동티모르에서 살면서 외국인이라고 설움을 당한 적은 한 번도 없다. 내가 길을 모를 때 그들은 가던 길을 멈추고 길을 안내해 주었고, 내 서툰 테툼어에 귀를 기울이고 들어 주었다. 또한 어디서든 먼저 반갑게 인사해 주었고, 그들이 먼저 내 손을 잡아 주었다.

내가 동티모르에서 이곳 사람들과 더불어 정을 나누며 살아가는 것처럼, 요셉이가 처음으로 비행기를 타고 일을 하러 가는 한국에서 서러움에 뒤에서 눈물 흘리지 않았으면 좋겠다. 그리고 요셉이를 사랑으로 대해 줄 수 있는 사람들을 만나 그들과 더불어 즐겁게 잘 지냈으면 좋겠다.

동티모르는 섬나라니까 한국의 어업 기술을 잘 배우고 돌아와서 많은 사람들에게 유익이 되도록 활용되었으면 좋겠다. 또한 요셉이가 정당한 대우를 받고 성실하게 일하다가 건강하게 고국으로 돌아와서 가족들과 더불어 행복하게 살았으면 좋겠다.

주께서 요셉이가 가는 발걸음을 인도해 주시고, 지켜 주실 것을 믿고 기도하며, 이제 그만 내 노파심은 접어야겠다.

씀바귀나물

2016.03.24

해마다 봄철이면 나물을 뜯었다.

이른 봄날, 집주변에서 자란 여린 쑥을 뜯어 쑥국을 끓여 먹었고, 좀 더 자란 쑥은 뜯어 모아 쑥 개떡을 만들어 이웃과 나누어 먹었다. 쑥을 뜯다가 냉이가 보이면 냉이는 바구니 한옆에 따로 모아 두었다가 초고추장에 무치거나 된장을 옅게 풀어 냉이 국을 끓여 먹기도 했다.

봄날, 따뜻한 햇볕에 앉아 나물을 뜯는 것은 나의 유일한 취미이기도 하며, 기쁨이기도 했다. 그러나 나물이 쑥이나 냉이가 아니라 씀바귀 일 때 나의 기쁨은 배가 되었다. 매서운 한 겨울이 지나간 자리에 자라는 것은 씀바귀 뿐 만이 아니고 쑥이나 냉이도 마찬가지이지만 씀바귀는 쑥이나 냉이처럼 들녘 어디서나 흔히 있는 것은 아니다. 씀바귀는 자라는 곳이 따로 있어서, 씀바귀가 있는 곳을 잘 보아두었다가 해마다 그 자리에 찾아가서 뜯어야 한다.

나는 씀바귀에 생김새를 잘 알고 있다. 씀바귀와 비슷한 식물 중에 민들레가 있는데 민들레는 봄철에 노란 꽃이 피며 줄기에서 하얀 진액이 나오고, 쓴 맛이 나는 것이 씀바귀와 같다. 그렇다고 민들레가 씀바귀인 것은 아니다. 민들레는 민들레고 씀바귀는 씀바귀다.

어머니는 씀바귀를 좋아하신다. 그래서 나는 어렸을 때부터 언니들을 따라 논두렁이나 냇가 주변을 다니며 씀바귀를 뜯었다. 우리가 씀바귀를 뜯어 온 저녁이면 우리 세 자매는 어머니가 무쳐 주신 씀바귀를 먹으며 자랐기 때문에, 나는 척 보기만 해도 한 눈에 어느 것이 진짜 씀바귀인지 알 수 있다.

씀바귀는 나에게 봄바람이었고, 나는 씀바귀를 뜯으며 봄바람을 잠재웠다. 그러나 해마다 봄날 한철 뜯던 씀바귀를 어느 때 부터 인지 뜯을 곳이 마땅치 않아 뜯고 싶어도 뜯을 수가 없었다. 예전에 뜯었던 곳을 기억하고 다음해 찾아 가보면 그곳은 이미 다른 세상으로 바뀌어 있어 씀바귀가 자라 던 자리를 찾아 볼 수 없었다. 나는 씀바귀가 있는 곳에 대한 정보를 들으며 찾아 다녔지만 그나마 점점 씀바귀 있는 곳을 찾는 것이 쉽지 않았다. 어느 해는 씀바귀가 있는 곳을 찾지 못해 제대로 한번 뜯어보지도 못하고 아쉽게 봄을 보내기도 했다.

그러다 중국에 있을 때 학교 뒷산에서 씀바귀를 발견했다. 한국에

서도 찾기 어려운 씀바귀였기에 중국에서 봄이 되어도 씀바귀가 있을 거라 기대하지 않았다. 혹시 쑥이라도 있을까 싶어 학교 뒷산을 올라갔는데 뒷산에서 씀바귀를 본 것이다. 그날은 밤새 비가 내린 다음 날 아침이었다.

나는 내 중국어 선생인 이방과 함께 주말이면 씀바귀를 뜯으러 산으로 올라갔다. 이방은 큰 씀바귀를 발견 할 때마다 "라오스 헌따!"를 외치며 나에게 들고 와서 보여 주곤 하였다. 주변에서 나물을 뜯던 아주머니들은 우리가 열심히 씀바귀를 뜯는 것을 일부러 와서 보고 그것은 못 먹는 것이라며 버리라고 했다. 그러나 내가 보기엔 그분들이 뜯은 나물이 못 먹는 나물 같아 보였다. 더구나 그분들이 씀바귀를 못 먹는 나물로 아는 바람에 나는 여유롭게 씀바귀를 뜯으며 봄날을 즐길 수 있었다.

씀바귀를 뜯어 바구니에 채우는 재미는 참으로 쏠쏠하다. 만족할 만큼 바구니를 채운 씀바귀를 일단 TV 앞에 펼쳐 놓는다. 그리고 TV를 보면서 씀바귀를 다듬는다. 씀바귀는 다듬는 것도 즐겁고, 다 다듬은 씀바귀를 씻어 끓는 물에 살짝 데쳐 된장과 고추장, 파, 마늘을 넣고 무치면 내가 아주 좋아하는 씀바귀나물이 된다.

씀바귀나물의 그 쌉쏘롬한 맛을 아는가.

세상에 이 보다 더 오묘한 맛을 내는 음식이 있을까. 중국, 사방 천지 한국 사람은 달랑 나 혼자 살고 있는 그곳에서 그때도 내 봄바람을 잠재워 주었던 씀바귀를 주께서 이 땅에 나를 위하여 특별히 선물로 주신 것이라 생각했다. 그래서 나는 먹을 때 마다 감사하며 씀바귀나물을 먹었다.

나는 지금 델리에서 한여름을 보내며 살고 있다. 그러나 내 몸은 한국의 봄을 기억하고 있나보다. 아지랑이 피어오르는 봄날, 들녘에 나가 나물을 뜯고 싶으니 말이다. 그런들 사철이 더운 계절과 더 더운 계절을 살고 있는 델리에서 나는 어쩌자고 꿈을 꾸듯 씀바귀를 노래하고 있단 말인가.

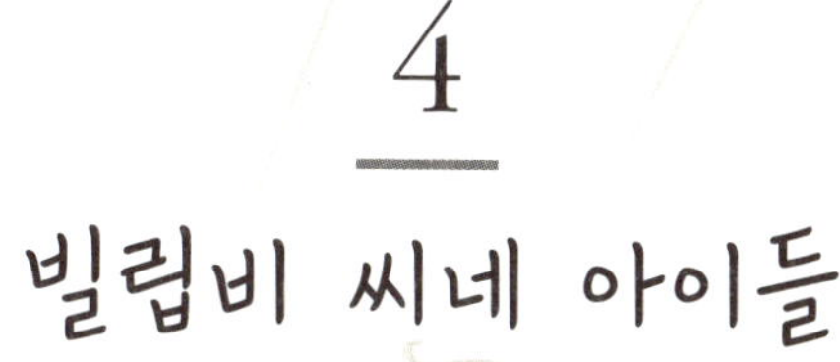

4

빌렙비 씨네 아이들

불평불만이라고는 찾아 볼 수 없는 그들의 표정에는
행복이 담뿍 들어 있었다.
그리고 그들은 연신 콘텐티(테툼어로 kontente : 행복하다)라고 말했다.

로자
2016.04.04

로자는 전에 살던 집의 주인집 일을 도와주는 '마나Mana'다. 정확하게 말하면 주인집 일보다는 주인집에 세 들어 사는 사람들의 집안일을 도와주는 마나라고 하는 것이 더 맞을 것 같다. 테툼어로 '마나'는 언니라는 뜻이지만, 우리나라에서 편하게 '아줌마', '이모'라고 부르는 것처럼 동티모르에서는 '마나'라는 호칭을 일상적으로 사용한다.

그녀의 이름이 '로자' 라는 말을 처음 들었을 때, 나는 '에밀 아자르'의 소설 '자기 앞의 생'에서 '모모'를 돌보던 '로자아줌마'가 생각났다. '자기 앞의 생'은 수 십 년 전에 읽은 소설이지만, 자신의 의지와 상관없이 흘러가는 로자 아줌마 앞에 주어진 삶이 주인공 모모 보다도 더 짠하게 지금까지 내 마음에 남아있다.

딜리에서 내가 만난 로자는 자그마한 체구지만 아주 바지런한 사람이다. 그녀는 초등학교 4학년인 딸아이와 단 둘이 살고 있는데, 일을 하러 올 때 가끔 아이를 데리고 왔다. 아이는 엄마가 집집이 돌면서 청소를 해주고, 빨래를 하고 있는 동안, 망고나무그늘에 앉아 주인집 손녀들과 노래를 부르며 놀기도 하고, 다림질하는 엄마 옆에서 숙제를 하기도 했다.

가끔 그녀와 함께 우리 집에서 점심식사를 했다. 로자와 함께 식사할 때 즐거운 것은 그녀는 한국음식 중에서도 특히 김치를 아주 맛있게 먹는 다는 것이다. 처음 로자와 식사 할 때 나는 그녀 앞에 수저를 가지런히 놓아주었는데 그녀는 숟가락으로 밥만 먹고 있었다. 아차 싶어 포크를 주었더니 그때 비로소 포크를 사용하여 반찬을 먹었다. 그 후로 그녀는 젓가락을 사용하기 위하여 나름 노력을 하였으나 애처로울 정도로 젓가락 사용을 힘들어 했다.

한번은 로자가 김치를 먹고 싶은데 입안이 헐어서 먹지 못하겠다며 입안을 보여 주었다. 들여다보니 입안이 온통 헐어서 침도 삼키기 어려울 것 같아 보였다. 그 모습이 안타까워 이를 어쩌나 하다가 마침 식탁위에 비타민C가 있기에 도움이 될까 싶어 건네주었다. 로자는 비타민C 하나가 무슨 보약인 양 받아들고 좋아했다. 그리고 비타민C를 먹었더니 힘도 나고 입안 헐은 것도 나은 것 같다고 말했다.

그 후로 우리는 비타민C 하나가 더위로 진이 빠진 몸에 새 힘을 솟게 할 거라는 생각으로 식사 후엔 꼭 비타민C를 챙겨 먹었다.

딜리에서 세를 놓는 집 주인들은 대부분 가사도우미를 두고 세 들어 사는 사람들의 집안일을 해주도록 하고 있다. 그것은 집세 속에 가사도우미의 인건비가 포함되어 있어 선택의 여지가 없이 행해지는 거라 굳이 하겠다 말겠다 말을 할 필요가 없는 사항이다.

나는 아침시간이 더 바쁘지만 그녀의 일을 좀 덜어주고 싶은 마음도 있고, 혼자 사는 살림에 굳이 로자의 손을 빌릴 것까지 없다는 생각으로 그녀가 오는 요일은 청소랑 빨래를 일찍 해 놓고 학교에 갔다. 그것이 고마웠는지 그녀는 내 침대위에 놓인 이불을 더 가지런히 개켜 놓기도 하고, 어느 때는 옷장에서 옷을 꺼내 다림질을 해놓기도 했는데 그녀의 다림질 솜씨는 정말 예술이라 할 만큼 야무졌다.

한번은 무슨 일 때문에 로자를 찾다가 창고 같은 곳에 가보았는데 거기에서 그녀는 집집마다 모아 온 빨래를 쭈그리고 앉아서 손으로 비벼 빨고 있었다. 나는 못 볼 것을 본 것처럼 무안한 마음이 들어 용건을 얼른 말하고 방으로 들어왔다. 여러 집 빨래를 세탁기 없이 손빨래를 시키는 주인집에 야속한 마음이 들었다. 어쩌면 그녀는 그 작은 체구로 요일마다 다른 집의 일을 이렇게 하느라 힘들어서 항상 입안이 헐어 있었는지도 모르겠다.

한번은 로자와 함께 시장에 간적이 있다. 우리는 길거리를 전부 세낸 사람처럼 수다를 떨며 시장을 돌아 다녔다. 그녀는 시장에서 과일과 야채 한 가지를 강력하게 추천해 주었다. 나는 그녀가 골라 준 과일과 야채가 먹어보지 않은 새로운 것이라서 좀 망설여졌지만, 그녀가 하도 권하여 일단 사서 들고 왔다.

과일은 집에 와서 껍질을 벗겨보니 속에 하얀 요플레 같은 것이 들어 있고, 그 속에 까만 씨가 들어 있었는데 시큼한 맛 때문에 딱히 내키지 않았다. 다음날 그녀가 왔을 때 이 과일은 맛을 모르겠다고 하였더니 '아야따'라는 이름의 이 과일은 정말 맛있는 과일이라며 먹었다. 아마도 아야따는 로자가 먹고 싶었던 과일이었나 보다.

그날은 로자의 추천으로 사온 나물무침으로 식사를 했다. 식사를 하면서 "나물은 맛있는데 삶는 시간이 너무 길지 않아?"하고 그녀에게 말했다. 그랬더니 "저는 이 나물을 좋아하지만 집이 가스를 사용하지 않고 나무를 때기 때문에 오랫동안 불을 때서 하는 음식은 만들기가 어려워요."라고 했다. 그녀의 말을 들으니 가스를 사용하는 우리 집에서 나물을 삶아 무친 것이 정말 잘한 것 같았다.

나는 그렇게 로자와 사이좋게 지내다 그녀가 다른 집으로 일을 하러 간 어느 날, 작별 인사도 못하고 비타민C 몇 개 식탁위에 올려놓고 다른 동네로 이사를 왔다. 그런데 며칠 전, 길을 걷는데 누가 나를 부르며 뛰어와서 보니 로자였다. 나 역시 그녀 소식이 궁금했고, 마음 붙일 곳 없는 델리에서 그녀를 보니 반갑고, 나를 먼저 알아봐 준 마음이 고마웠다. 우리는 길가에 서서 한참을 안부를 묻고 또 묻다가 헤어졌다.

나는 그녀가 수 십 년 동안 내 마음속에 짠하게 들어있는 프랑스의 로자 아줌마가 아닌, 사랑하는 딸과 함께 언제나 명랑하고, 건강하고, 행복한 동티모르의 멋진 로자 아줌마로 잘 살기를 바란다.

너희들이 하고 싶었던 말은 무엇이었니?

2016.04.18

동티모르 국립대학 뒷길로 가면 내가 좋아하는 카페가 하나 있다. 그 카페는 1.2층으로 만들어진 작은 공간이지만 그곳엔 향 좋은 커피가 있고, 무엇보다도 커피 값이 싸서 좋다. 카페 1층은 주로 동티모르 사람들과 외국인들이 와서 커피를 마시며 담소를 나누는 공간으로 사용되고, 2층엔 젊은이들이 모여 토론의 장으로 활용하기도 한다. 이 카페의 이름은 "피스카페PEACE CAFE"이며, 한국YMCA 연맹에서 운영한다. 그렇지만 종업원들은 모두 동티모르 사람들이기에 우리는 그들과 꼴레가로 잘 지내고 있다.

그곳, '피스카페'에서 오늘 세월호 희생자를 위한 2주기 추모제가 있었다.

2014년 봄날, 나는 우리나라 진도 앞바다에서 일어났던 그 엄청난 일을 중국에서 들었다. 그때 나는 중국의 한 대학에 있었는데 수업시간에 학생들에게 우리나라 남쪽바다에서 일어난 일에 대하여 이야기를 해주었다. 그렇지만 누구도 감당 할 수 없는 이 커다란 슬픔을 어찌 말로 설명 할 수 있었겠는가. 나는 끝내 목이 메여 울고 말았고 학생들은 말없이 고개를 숙이고 있었다. 우리는 숙연하게 한참을 그러고 있었다.

그리고 그해 여름, 나는 중국에서 안산시 단원구 대부동에 있는 집으로 돌아 왔다. 그러나 한여름, 휴가철에 한창 성수기를 누려야 할 대부도는 찾는 이가 없었고 숨조차 쉬지 않는 듯 조용한 섬마을로 변해있었다.

나 역시 누구 한 사람 손잡고,

"얼마나 힘드세요."

"어떻게 지내세요."

"힘내세요."라며 진심어린 위로의 말 한마디, 관심어린 마음 한 번 보이지 못하고 야속한 시화 바닷길을 수없이 오갔다. 나처럼 마음만 안타까울 뿐 답답한 속내 한번 드러내지 못하는 것은 주민들도 마찬가지였기에 차라리 우리는 침묵으로 유족들의 마음을 헤아리며 그해

가을을 보냈고, 유난히 춥고 길었던 겨울을 보냈다.

지난해 나는 세월호 희생자들을 위한 1주기 추모제를 드리고 있던 그 무렵, 희생자들 속에 함께 있던 단원고 학생들 또래의 동티모르 고등학교 학생들 앞에 서게 되었다.

동티모르에 와서 내가 줄 곳 살고 있는 딜리는 끝도 없이 펼쳐진 바다를 매일 볼 수 있는 곳이다. 나는 딜리 바닷가를 거닐면서 "바다는 언제나 봐도 좋다."고 수없이 말하지만, 싸늘한 시신으로도 돌아오지 못한 학생들이 어쩌면 인도양 여기까지 와있을지도 모른다는 생각에 가슴이 먹먹해지기도 했다.

오늘, 나는 '피스카페'에서 세월호 희생자들을 추모하며 노란색 리본도 접고, 종이배도 접으면서 그날 그 배에서 하늘로 올라간 학생들에게 물었다.

"너희들이 그렇게 이 땅을 떠나면서 세상을 향해서 하고 싶었던 말은 무엇이었니?"

"아무것도 해 준 것이 없지만 이제라도 너희들의 뜻을 따라 우리가 좀 더 노력 해볼게."

"애들아, 말해 줄 수 있겠니?"

그 세 여자는 어머니, 딸, 그리고 손녀였다

어머니

어머니는 내가 외국으로 나갈 때 마다 걱정이 크셨다. 나 역시 연로하신 어머니가 걱정이 되었다. 더구나 동티모르는 어머니가 모르는 나라이기에 염려가 더욱 컸다.

떠나오는 날 나는 어머니에게 "엄마, 나를 위하여 기도 많이 해주세요. 그래야 엄마 기도에 힘입어 먼 나라에서 잘 지내지요." 라고 말씀 드렸다. 어머니는 "알았어. 그렇게 할께." 하고 힘없이 대답하셨다. 나는 "엄마가 아프지 말고 건강하게 잘 지내야 내가 맘 편하게 일 마치고 돌아 올 거예요."라고 다짐하듯 말씀 드렸다. 처음 있는 일도 아니건만 목소리가 잠겼다.

어머니는 의연하게 잘 지내시다가도 문득 딸 생각이 나실 때가 있나보다.

오늘은 종일 막내딸이 보고 싶다고 하셨단다. 어머니 가까이에 살고 있는 큰언니가 전해 왔다. 순간 콧등이 싸해지며 나도 어머니가 보고 싶어졌다.

어머니에게 나는 애물(愛物)인지 애물(心痛)인지.

아니다.

나는 어머니에게 언제나 애물(心痛)이다.

딸

딸아이가 결혼한 후 나는 태국으로 떠났다. 시집 간 딸아이에게 친정 엄마는 지금까지 부재중이다. 친정 엄마가 시집간 딸에게 해 줄 수 있는 살뜰한 마음 한번 제대로 보여주지 못한 것이 늘 마음에 걸린다. 김장철에는 그냥 계절을 모르는 것처럼 지나갔고, 딸아이가 기침감기를 심하게 앓고 있을 때에도 전화로 그저 "배즙을 나려 먹어 보면 좋을텐데…." 라고 말끝을 흐릴 수밖에 없었다.

딸아이가 보고 싶을 때는 함께 여행 갔을 때 찍은 사진을 보며 마음을 달랜다.

2014년 2월.

청춘열차를 타고 딸과 겨울여행을 떠났다. 가평의 북한강이 내려다보이는 펜션에서 우리는 건배를 하며 영화 〈로맨틱 홀리데이〉를 보았다. 입춘을 무색케 하는 추위 속에서 레일바이크를 탔고, 귀로만 수없이 들었던 '남이섬'도 갔다. 딸과의 여행은 영화처럼 '청춘사진관'에서 사진을 찍은 것은 아닐지라도 20년은 더 젊어진 기분으로 청춘열차에서 내려 딸과 헤어져 집으로 돌아왔다.

지도 속 작은 섬나라 동티모르를 향해 무소의 뿔처럼 그렇게 걸어가기 위해서….

손녀

손녀 재인이에 대한 나의 사랑은 완전히 짝사랑이다. 가끔 한 번씩 나타나서 열렬하게 애정을 표현하는 내가 재인이는 불편하기만 한가 보다. 나를 보면 울기부터 하거나 싫은 표정을 짓는다. 재인이의 차가운 반응에 나 역시 할 말은 없다. 그냥 내 마음 만은 일편단심일 뿐이다.

나는 가끔씩 재인이가 보고 싶으니 동영상 좀 찍어서 보내 달라고 아들 내외에게 말한다. 엊그제 보내 온 동영상 속에 재인이 아빠의 말소리가 들렸다.

"재인아, 할머니 사랑해요."라고 하자 동영상 속의 재인이가 말했다.

"할머니, 많이 사랑해요."

나는 재인이가 '많이'라는 단어를 사용한 것이 너무나 즐겁고 기뻤다.

이제 막 세 돌이 지난 재인이가 동티모르에 온단다. 올 여름 휴가에 재인이네 세 식구가 홍콩, 발리를 경유해서 동티모르까지 나를 보러 오겠다며 이미 비행기표 예매도 끝냈단다. 만남을 전제로 한 기다림은 얼마나 사람의 마음을 상쾌하게 만드는지. 나는 재인이가 오는 7월 마지막 주를 기다리며 5월과 6월을 보낼 것이다.

지난 1월 동티모르에서 보름을 함께 보냈던 친구가 한국으로 돌아가기 전날 저녁식사 시간에 우리는 벌써부터 이별의 서운함으로 목이 메어 식사를 제대로 하지 못하고 있었다. 그때 침묵을 깨고 그녀가 말했다.

"헤어져야 만나지."

"헤어져야 만나지."

그랬다.

친구의 말처럼 헤어져도 때가 되면 만날 수 있는 것이다. 헤어지면 이렇게 만나는 것이 어쩌면 삶의 이치인지도 모른다. 하지만 정말 슬픈 것은 헤어져도 만날 수 없다는 것,

그것이 살아가면서 가장 슬프고 마음 아픈 일일 것이다.

지팡이의 힘

2016.05.16

동티모르에서 처음 떠난 산행이었다. 실로 1년 만이었다. 나는 이곳에 오기 전 지인들을 만나 작별인사를 한 것처럼, 내 발길이 자주 닿았던 곳에도 작별을 고했다. 그중에 하나가 구봉도에 있는 구봉산 해솔길이다.

구봉산은, 이름처럼 아홉 개의 봉우리를 갖고 있는 산이다. 조금은 험한 산으로 느껴지겠지만, 사실은 산을 오른다는 것보다는 그냥 유유자적 걷기에 좋은 산이다.

해솔길은 이름만 예쁜게 아니라 바다와 소나무를 함께 보며 걷는 구봉도의 둘레길이다. 이 길을 걷다보면 멀지 않은 곳에 송도가 보이고 인천대교를 지나 영종도를 볼 수 있고, 돌아서면 선재도 더 멀리 영흥도가 수채화처럼 보이는 아름다운 길이다. 게다가 저녁 무렵 일몰은 어찌나 아름다운지 붉은 하늘과 바다가 하나가 되는 순간은 지켜보는 것 만 으로도 황홀하다.

대부도의 내 삶속에 켜켜이 쌓여있는 구봉도 해솔길. 어쩌면 내 속내를 나보다 더 잘 알고 있을 것 같은 길이다. 떠나기 전 해솔길을 마지막으로 찾았을 때 그곳엔 막 개화를 앞 둔 산나리 꽃들이 너도나도

먼 길 떠나는 나를 배웅하고 있었다.

딜리는 산이 병풍처럼 드리워진 아름다운 해변도시다. 하지만 그 산은 나에겐 그냥 딜리의 뒷산에 지나지 않았다. 산길도 질투를 하는가. 이국의 뒷산에 새로운 정을 주고 싶지가 않았다. 그것은 새로운 사귐이 어려운 내 성격 탓일 수도 있을 것이다.

나는 이런저런 이유로 산행을 피했고, 무엇이 두려운지 선뜻 나서지지 않았다. 그러던 중 지난 주말 드디어 딜리뒷산을 걷기로 결심을 했다. 그것은 내가 수년을 손도 못 대고 있던 논문을 쓰겠다고 결심한 것만큼이나 힘든 결정이었다. 마음을 정하자 소풍가는 아이처럼 기분이 좋아졌다. 운동화를 챙겨 문 앞에 두고, 물도 얼려놓고 파파야도 미리 깎아두고 약간의 간식도 챙겼다.

이른 새벽부터 눈이 떠졌다. 어제와는 달리 큰일을 앞둔 것처럼 긴

장이 되었다. 구봉산 외에는 산의 정상을 오른 경험이 거의 없었고, 더구나 일 년 동안 높고 낮음을 떠나 산을 오른 적이 한 번도 없었기에 일행에게 폐가 될까봐 걱정도 되었다.

시작은 '크리스토 레이' 부근에서였다. 차에서 덜렁 내려 산으로 향하는 나에게 선생님 한분이 산에 오르기 전에 배낭을 단단히 조여 메라고 하셨다. 나는 신발 끈을 매며 의지를 다지듯 배낭을 몸에 최대한 밀착시켜 조였다. 그러자 선생님은 다시 자신이 사용하는 지팡이를 건네며 이걸 짚고 다니라고 하였다. 지팡이라, 거절하기 난감한 상황이었다. 지팡이를 들고 다니려면 오히려 짐이 될 것 같은 생각이 먼저 들었기 때문이다. 선생님의 배려가 난처하지 않도록 일단 지팡이를 받아 들었다.

그러나 지팡이는 산으로 들어서 몇 걸음 가지 않아 자신의 임무를 보란 듯이 보여주고 있었다. 이름을 모르기에 그저 '크리스토 레이' 뒷산이라 불리는 그 산은 해솔 길처럼 아기자기하게 잘 다듬어 진 그런 길이 아니었다.

아니 거기엔 길이 라는 것이 아예 없었다. 루쉰이 「고향」에서 말한 희망처럼 반복해서 사람들이 걷다보니 만들어진 길이었다. 그냥 잡풀우거지고 자갈밭 같은 길을 따라 가파른 능선을 올라야 하는 산이었다.

나는 온 체중을 지팡이에 의지하여 한 걸음 한걸음 정상을 향해 걸었다. 까마득해 보이는 가파른 길도 지팡이가 있으니 한결 가볍게 생각되었다. 상상도 못한 지팡이의 힘에 놀라울 뿐이었다. 어느새 나는 내 두 다리보다 지팡이를 더 의지하게 되었다.

어릴 적 할아버지는 언제나 지팡이를 들고 다니셨다. 하얀 모시두루마기를 곱게 입으신 할아버지 손엔 항상 단장(短杖)이라 불리는 지팡이가 들려 있었다. 할아버지의 지팡이는 반질반질하게 윤기를 내며 언제나 마루 기둥에 걸려 있었고, 외출할 때마다 들고 나가시는 지팡이를 나는 어르신들의 액세서리 정도로 알았다. 이미 지팡이의 힘을 알고 계셨던 할아버지는 고마움과 소중한 마음을 담아 윤이 나도록 닦아 놓으셨던 것 같다.

지팡이 덕에 동행자들의 탄성을 들으며 세 개의 봉우리를 올랐다. 시원한 바람과 발아래 가까이 투명한 비취색 바다와 마음 따뜻한 사람들이 덧없이 좋았다. 늘 가슴에 있던 해솔길은 잠시 접어두어도 좋을 것 같았다.

지팡이는 오르막길에 만 필요한 것이 아니었다. 내리막길에 더 요긴했다. 한 발짝 앞서 짚어주면 안심하고 내디딜 수 있었다. 그렇게 다섯 시간은 족히 걸었으리라. 그럼에도 나는 믿기지 않을 정도로 건재했다. 이것은 모두 지팡이가 있었기 때문이었다.

다음날 긴 시간 산행이 가져다 줄 후유증을 염려 한 나의 생각은 기우였다. 그 지팡이는 내 후유증까지도 온전히 가져갔나보다. 그제서야 동티모르에서의 첫 산행을 걱정하며 나에게 지팡이를 건네준 선생님의 안부가 궁금했다.

나는 언제나 이렇게 뒷북이다.

"선생님, 고맙습니다."

풀꽃
2016.05.31

다시 산을 찾았다.

두고 온 꽃들 때문이었다.

지난 산행은 동티모르에서는 처음이었다. 오랜만의 산행이라 주변을 보기보다 일행들과 뒤 처질까봐 잰걸음으로 따라가기 바빴나. 인적 드문 산길에서 마주쳤던 앙증맞고 청초한 꽃들을 무심한 듯 지나쳤던 것이 못내 아쉬웠다. 한 송이 꽃을 피우기 위해 긴 시간을 참고 기다렸을 텐데 가만히 마주할 시간이 없었다. 산행을 마치고 돌아와서 내내 그 사랑스러운 꽃들이 눈에 밟혔다. 화무십일홍. 꽃들은 시간을 기다려 주지 않는다. 그래서 꽃들을 보러 산에 한 번 더 가기로 마음을 정한 것이다.

아침 일찍 나섰지만 차에서 내리니 더위가 확 달려들었다. 언제나 여름인 동티모르. 이제는 익숙해 질 때도 되었건만 '시원한 가을이 언제쯤 오려나' 하고 기다리고 있는 나를 본다. 산으로 접어드니 마음이 앞서 갔다. 지난 산행 때 보았던 채송화 같던 그 꽃은 아직도 여전할까. 그 곁에 봉오리 맺혀 있던 꽃들은 피었을까. 나도 모르게 발걸음이 빨라졌다. 꽃이 가까워질수록 더 궁금해졌다.

언제부턴가 소박하고 작은 꽃들이 좋아졌다. 그 작은 꽃을 피우기 위해 애쓴 꽃들이 기특하고, 눈에 잘 띄지도 않는 것이 최선을 다해 안간힘을 쓰고 있다는 생각이 들어 가만히 보듬어 주고 싶다. 드디어 산모퉁이에서 보고 싶던 꽃들을 마주했다. 감사하게도 그곳엔 아직도 많은 꽃들이 무심했던 나를 기다리고 있었다.

풀 섶 옆에 얌전히 들어 있는 다섯 개의 꽃잎을 가진 하얀색 꽃
솜털 보송보송 날리며 살포시 피어난 채송화 같은 꽃
누군가가 그토록 좋아한다는 연보라색으로 곱게 물들인 꽃
군무를 이루고 피어 있는 패랭이꽃처럼 생긴 꽃
빨강 주황으로 조화를 이루며 깻잎 같은 잎사귀를 가진 꽃
서로 대칭을 이루며 바라보고 있는 쌍둥이 꽃
빨간색 별 같은 꽃

꽃들이 환하게 웃으며 다시 돌아 온 나를 맞이했다.

그동안 자기의 자리를 지키며 사랑스러운 모습으로 나를 기다려준 꽃들에게 이름을 불러주고 싶은데 안타깝게도 내게는 들꽃, 풀꽃이 전부였다. 드문드문 피어있는 꽃을 보며 어느 만 큼 더 걸었을까. 언제 다시 오게 될지 모르는 아쉬운 발걸음을 돌리면서 작고 소박한 꽃들을 바라봤다. 자신 보다 몇 배는 더 넓은 하트모양의 잎사귀 사이에 아주 작은 하얀 꽃 한 송이가 피어 있었다.

'넌 왜 여기서 혼자 피어 있는 거니?'

문득 한국에서 멀리 떨어져 있는 내 모습을 보는 것 같아 가슴이 싸했다.

얘들아 너희들이 세상에 피었기에
우리들의 마음도 꽃이 핀단다.

아무도 오지 않는 숲에서 묵묵히 꽃을 피우고 있는 것처럼
우리도 묵묵히 제 갈 길을 가는 거란다.

산길을 내려오면서 나태주 시인이 말 한 풀꽃처럼 보면 볼수록 예쁜 사람 꽃인 학생들이 생각났다.

나는 수업을 하러 교실에 들어 설 때 마다 가슴이 설렌다. 아니 학교로 가기 위해서 가방을 챙길 때부터 마음이 설레고 있었을 것이다.

학생들을 만난다는 것은 나에겐 큰 기쁨이다.

누군가 동티모르에서의 삼락을 말하며 그 중에 하나가 제자들이 커가는 것을 보는 재미라고 했다. 나는 아직 그 말은 모르겠다.

나에게 제자는 한 명 한 명이 그저 사랑스러운 풀꽃 같을 뿐이다.

눈

2016. 6.16

한국을 떠나기 전 동티모르를 잘 아는 분들은 그곳은 직사광선이 강한 나라이니 선글라스와 안경을 여유 있게 준비해 가야 한다고 말했다. 다른 준비도 많았지만 몸이 천 냥이면 눈이 구백 냥 이라는 말을 생각하며 딸아이와 안경점을 찾았다. 시력 검사를 마친 뒤 안경 두개 선글라스 두개 그리고 그때 까지 써 본적은 없지만 혹시 몰라 돋보기도 하나 준비했다.

여유분의 안경을 준비해야 하는 이유는 그곳은 안경점이 없다는 것이다. 안경이 망가져도 다시 구입 할 수 없다고 했다. 믿어지지 않았지만 사실이 그랬다. 딜리에 와서 보니 직사광선이 강한 것은 말할 것도 없고 시력을 측정하는 제대로 된 안경점이 한군데도 없었다.

다섯 개의 안경 중에서 제일 먼저 망가진 것은 선글라스였다. 시력에 맞추어 준비 해 온 선글라스는 몇 개월이 지나지 않아서 코팅이 벗겨졌고, 여분으로 가져온 하나는 이음새 역할을 하는 작은 나사가 나도 모르는 사이에 없어졌다.

그럼에도 서비스를 받을 수 없으니 이 또한 쓸모없게 되었다.

망가진 선글라스를 버리지도 못하고 바라보고만 있을 즈음 멀고면 이곳까지 친구가 찾아왔다. 친구는 한국에서 준비 해 온 두 개의 선글라스가 망가진 것을 보고, 한국으로 돌아 갈 때 자신의 선글라스를 벗어주고 갔다. 덕분에 지금은 친구의 선글라스를 쓰고 다닌다.

요즈음 학교에 갈 때면 가방에 안경과 돋보기를 제일 먼저 챙겨 넣고 선글라스를 쓰고 학교에 간다. 생활하면서 세 개의 안경을 번갈아 써야 한다는 것은 여간 불편한 것이 아니지만 선택의 여지가 없다.

그런데 어느 날부터인가 돋보기를 쓰지 않으면 도무지 출석을 부를 수 없을 정도로 급격히 시력이 나빠졌다. 그 이유는 정확히 모르겠지만 왠지 서글펐다. 독서광이 아니어서 책을 많이 읽는 것도 아니고 나름 외출 시에는 선글라스를 꼭 쓰고 다니는데도 말이다.

갑작스럽게 나빠진 눈은 불편함과 더불어 또 하나의 걱정을 가져왔다. 나는 이미 사후에 안구를 기증하겠다고 약속을 한 것이다. 내

가 안구 기증을 결심했을 때는 마흔 즈음이었다. 적어도 그때 내 눈은 지금처럼 이렇게 나쁘지 않았다. 난시가 좀 있을 뿐이지 시력은 좋은 편이었다. 그래서 사후에 안구를 기증하기로 결심을 할 수 있었다. 내가 떠나도 아름다운 이 세상을 내 눈을 통하여 한 명이라도 볼 수 있으면 좋겠다는 생각에서였다.

물론 그 당시 내 몸도 기증하고 싶었다. 내가 경제적으로나 다른 어떤 것으로 세상에 나눌 수 있는 것이 없으니 이 몸이라도 필요한 곳에서 사용되기를 바라는 마음에서였다. 그러나 안구는 본인의 의사만으로 기증을 약속할 수 있었지만, 몸을 기증하려면 가족의 동의가 필요하다고 했다. 그것은 내 생각만으로 되는 쉬운 일이 아니었다. 가족에게 설명을 해야 하고 가족이라 해서 내 마음과 같을 수는 없다는 생각이 들어서였다. 그래서 안구기증서 뒷면에 내 뜻을 밝힌 내용을 쓰고 사인을 하여 지니고 다녔다.

나는 사후에 안구를 기증 하겠다고 정 한 후부터 세상에 아름다운 것, 좋은 것을 눈에 많이 담아야겠다는 생각이 들었다. 그것은 거창하고 대단한 것이 아니었다. 어떤 어마어마한 세상을 담고자 했던 것도 아니었다.

내가 좋아하는 산길을 걸을 때 살포시 보고 있던 풀꽃 하나, 파란 하늘에 하얀 줄을 긋고 지나가는 비행기, 영화 〈구름위의 산책〉을 연상 시키는 하얀 뭉게구름, 우리 학생들의 천진하고 밝게 웃는 얼굴, 나무 꼭대기에 옹기종기 매달려 있는 잘 익은 파파야, 무수한 별빛 속에 떨어지는 별똥별 같은 그냥 그런 소소한 세상을 많이 담아 주고 싶

었다.

그러나 급격히 나빠진 시력은 내 눈에 대한 자신이 없게 만들었다. 돋보기를 미처 챙기지 못한 날은 가뜩이나 어려운 학생들의 이름을 부르기가 이만저만 불편한 것이 아니었다. 그럴 때 개구쟁이 학생들은 웃기도 하고, 나보다 앞서 다음 학생의 이름을 불러 주며 내 마음을 읽는 학생도 있었다. 이런 날은 문득 외할머니가 보고 싶어졌다.

외할머니는 오랫동안 천식으로 고생을 하셨다. 방학을 맞아 외갓집에 가면 외할머니의 기침 소리를 자장가처럼 들으며 잠이 들고는 했다. 기침 때문에 외할머니의 몸은 점점 가벼워졌지만 외할머니의 눈만은 언제나 맑고 빛이 났다. 외할머니의 눈 속에는 지혜로움이 있고, 거짓 없이 살아 온 진실한 마음이 담겨 있었다. 그렇지만 외할머니는 그 맑은 두 눈을 감고 하늘나라로 가셨다.

그 후 어느 날에 어머니는 외할머니가 되어있었다. 어머니는 모습만 외할머니를 닮아 있는 것이 아니고 지혜로워 보이고 거짓 없어 보이는 외할머니의 눈도 그대로 닮고 있었다.

나도 그 눈을 닮고 싶다. 급격히 나빠진 눈이 더 이상 나빠지지 않도록 눈에 좋다는 안구 운동도 하고 건강식도 챙기는 노력은 하겠지만, 이제 내 눈이 누군가에게 또 하나의 세상을 보게 한다는 생각은 점점 어렵게 느껴진다. 이제는 내가 결정할 일이 아닌 것 같다.

그저 바라는 것은 나도 우리 외할머니처럼, 내 어머니처럼, 맑고 선량해 보이는, 겸손하고 거짓 없는 눈을 가지고 살다가 주님 곁으로 갈 수 있으면 하는 바람만 가져 볼 뿐이다.

딜리 뒷산에 사는 꼴레가들
2016.06.29

동티모르의 수도 딜리는, 앞에는 푸른 바다가 펼쳐져 있고 뒤로는 산과 산으로 둘러 싸여 있다. 가볍게 생각하고 산에 오르면, 끝도 없이 이어지는 산길에 놀라고, 숲에서 마주치는 사람들의 따뜻한 인정에 또 한 번 놀란다.

산길은 언제나 설렘으로 다가 온다. 숲에서 풍기는 풋풋한 냄새를 맡으며 걷다보면, 한국에서 걷던 해솔길이 떠오르기도 하고, 어느새 잡다한 생각들이 아득하게 멀어진다. 산에 들어서니 언제나 그렇듯 아름다운 새소리가 우리를 반긴다. 드문드문 있는 풀꽃들을 보며 걷다보면 산 중턱에서 홀로 사시는 안토니오 할아버지의 안부가 궁금해진다.

안토니오 할아버지

안토니오 할아버지 집에 도착하니 집안이 조용하다. 인기척을 내었더니 그제야 밖으로 나오셔서 환하게 웃으시며 반갑게 맞아주신다.

"집에 커피도 없고 아무것도 마실 것이 없으니 어떡하나."하며 미안해하시지만 할아버지가 건재하심을 확인 한 것만으로도 다행이다.

할아버지의 부엌을 살펴보니, 불을 땐 흔적만 있을 뿐 무엇을 드셨는지 아무것도 보이지 않았다. "오늘 뭘 좀 드셨어요?" 하니, 아무것도 안 드셨단다. 배낭에 있는 빵과 사탕을 나누어 드리고, 깨끗하게 쓸어 놓은 마당에 앉아 할아버지와 이런 저런 이야기를 나눴다. 이야기를 나누다 말고 할아버지는 갑자기 무언가 생각난 듯 얼른 안으로 들어가신다. 할아버지가 들고 온 것은 훈장처럼, 가보처럼 자랑스럽게 여기시는 할아버지의 핸드폰이다. 할아버지는 우리 앞에서 빌립비씨(산 맨 꼭대기에 사는 나뭇꾼)네로 전화를 해 주셨지만 내 귀엔 "잔액이 부족하여 통화를 할 수 없다."는 메시지만 야속하게 들릴 뿐이다.

할아버지 집 앞의 작은 텃밭에는 고구마가 자라고 있고, 밭 주변에는 열매를 맺으려면 몇 년은 있어야 할 것 같은 작은 바나나 나무가 있다. 집집마다 한 그루 이상 다 있는 야자나무라도 있으면 좋으련만 그 것마저 없다. 야자나무 한그루 마당가에 딱하니 버텨주고 있으면 덜 적적해 보일 텐데.

나는 할아버지가 마음이 쓰여 엉뚱한 트집을 잡는 것 같다. 다행히 마당가에 아주 탐스럽게 익어가는 석류나무가 한 그루 있다. 나도 모르는 사이에 석류에 눈독을 들이며 사심을 내려놓지 못하고 아쉬운 발걸음을 뗀다. 내려오는 길에 할아버지를 다시 만날 거라 "아떼로그"(ate-logu : 테툼어로 다시 만나요) 라고 인사를 나눴다.

아낀이네

안토니오 할아버지 집에서 얼마만큼 더 산으로 오르다보면 아낀이네 집이 나온다. 아낀이는 일곱 살 사내아이다. 언제나 말이 없이 조용한 아이인데, 오늘 따라 아낀이 더 힘이 없어 보였다. 호들갑스럽게 들어서는 나를 큰 눈으로 가만히 바라보는 것으로 반가움을 대신할 뿐이다.

"아낀이가 나흘째 열이 나며 아파서 아무것도 못 먹고 있다."며 아낀이 아버지가 근심스런 표정으로 말했다. "아이들은 아프면서 크는 거다."라고 말은 했지만 나도 가슴이 아프다. 산속 외딴집에서 왜 아픈지 이유도 모른 채 약도 못 먹고, 그렇게 앓고 있으면 어쩌겠는가. 아낀이가 부디 빨리 낫기를 간절히 바랄뿐이다.

아낀이네 육남매는 모두 참 잘생겼다. 부모와 다르게 잘생겨서 신

기하기까지 하다. 특히 아낀이의 누나 아밀린은 정말 예쁘다. 아밀린이 크면 동티모르를 대표할 미인이 될 거 같다.

아낀이네 집에는 언제나 중국노래가 나온다. 아낀이 아버지는 나무꾼이지만 내가 지나갈 때마다 집 앞에 만들어 놓은 나무의자에 아낀이를 데리고 앉아 무심히 중국노래를 듣고 있다. 아낀이의 아버지에게 중국 노래는 어떤 사연이 있는지 모르겠지만, 다정다감한 아버지의 모습이 보이기도 하고 왠지 음악에 미련이 있는 사람처럼 보이기도 한다.

산으로 더 오르다 보면 아네스 할머니 집이 나온다.

아네스 할머니

아네스 할머니도 안토니오 할아버지처럼 산속에서 혼자 사신다.

할머니는 마당으로 들어서는 나를 보고 집 안으로 급히 들어가셨다. 앙상한 다리가 보기에도 애처로운 할머니 뒤로, 할머니처럼 앙상하게 마른 강아지가 따라갔다. 할머니가 집안에서 들고 온 것은 의자다. 그 의자에 앉으라며 반갑게 맞아주셨다.

아네스 할머니 집은 석류 한 그루 있는 안토니오 할아버지 집보다는 나은 것 같다. 몇 개의 커다란 바나나 나무에 바나나가 주렁주렁 열려있으니 말이다.

할머니에게 나이를 물었다. 머뭇머뭇하셔서 내가 괜한 질문을 드렸나보다 생각하는 동안 할머니는 나이를 모른다고 말씀하셨다. 아네스 할머니 나이가 몇 살이나 되시는지 나도 짐작이 안 갔다.

갑자기 할머니 얼굴에 화색이 돌며 말씀하셨다.

"지난주에 손자가 한국으로 돈 벌러 갔어."

그날 할머니는 공항에 따라가 손자와 헤어지면서 엄청 우셨단다. 그렇지만 할머니는 한국으로 돈을 벌러 떠난 손자가 마냥 대견스러운가 보다. 아네스 할머니는 손자가 돈 벌러 떠났다는 한국이란 나라를 알고는 계실까.

"여기까지 전기가 들어오네." 할머니 집 지붕으로 지나가는 전선을 보고 말하니 어느새 할머니는 집안으로 뛰어가서 자랑스럽게 전기를 켜 보였다. 동그란 전구에 30촉은 될까 싶은 전깃불이 빨갛게 들어왔다.

밝은 대낮,

할머니가 켜 준 전깃불이 마당을 나서는 내 뒤를 비추고 있다.

아들과 핸드폰

2016.07.19

이틀간의 휴일을 보내고 학교 교문을 들어서다 세자르를 만났다. 세자르는 2학년 학생으로 모든 면에서 성실한 학생이다.

"세자르! 휴일에 뭐하고 지냈어?" 반가운 마음에 묻고는 있었지만, 사실 딜리는 청소년이 누릴만한 놀이 문화가 없다. 그래서 휴일에 무엇을 했는지 물으면 대부분의 학생들은 그저 "잠을 잤어요.", "쉬었어요." "공부했어요." 라며 간단하게 대답한다.

"뿔샤를 팔았어요." 세자르가 의외의 대답을 했다.

"뿔샤? 전화 충전카드를 팔았다고? 어디서?"

나의 쉴 틈 없는 질문에 세자르는 잠시 망설이더니 "길거리에서요." 라고 멋적게 말했다. 나는 세자르에게 아낌없는 칭찬을 하며 번 돈으로 무엇을 할 건지 물었다. 세자르는 "핸드폰요."라고 대답하며 빙그레 웃었다.

이곳 학생들은 대부분 핸드폰이 없다. 몇 명이 가지고 있지만 핸드폰이 없다고 해도 그다지 부러워하는 것 같지는 않았다. 그렇지만 수업이 끝나면 함께 "셀카를 찍자."며 내 앞으로 모여들기도 하고, 찍은 사진을 마땅히 받을 핸드폰이 없는데도 즐겁게 사진을 찍는다. 그다음 그냥 한번 핸드폰에 찍힌 자신의 모습을 보는 것으로 만족한다.

나는 학생들과 셀카놀이를 하며 놀 때마다 한창 나이에 얼마나 핸드폰이 갖고 싶을까 싶다. 세자르도 핸드폰이 갖고 싶었을 것이다. 세자르는 뜨거운 거리에서 뿔샤를 사라고 외치기도 하고 지나가는 사람들을 붙잡기도 했을 것이다. 폭염 속에서 뿔샤를 팔고 있었을 세자르를 생각하니 마음이 짠하면서도 한편으로는 대견했다.

그러다 문득 한국에 있는, 이제는 의젓한 가장이며 한 아이의 아빠가 된 아들이 생각났다. 우리 아들도 세자르처럼 고등학생이었을 때

친구들이 가지고 있는 핸드폰을 갖고 싶어 했다. 그즈음 대학은 이미 합격한 상태였고 머리를 노랗게 물을 들이고 와서 나를 당황 시키더니 어느 날 아르바이트를 해서 핸드폰을 사겠다고 했다.

나는 그때 "아들"이라는 제목으로 썼던 글을 찾아보았다.

아들

동네에 마트가 새로 문을 열었다.

아들은 그곳에서 오픈축하세일 기간 동안 아르바이트를 한다고 했다. 핸드폰을 사기 위해서였다. 마트가 문을 열던 날, 밤새 배가 아파 잠을 못 잤다는 아들은 늦지 않게 가야 한다며 아침밥도 못 먹고 집을 나섰다.

배 아픈 것도 걱정이 되고, 아들이 하는 일도 궁금하여 내가 마트에 갔을 때, 새로 문을 연 마트는 북적이는 사람들로 정신이 없었다. 사람들 속에서 아들을 찾아 돌다가 한 귀퉁이 생선코너에서 발목까지 오는 비닐 앞치마를 두르고 생선을 담아 주고 있는 아들의 모습이 보였다.

뜻밖의 모습에 눈물이 핑 돌아 아들의 얼굴을 못보고 생선만 바라보고 있는데 "엄마, 갈치가 세 마리에 만원이에요." "좀 전까지는 두 마리에 만원이었는데 지금은 세 마리에요."라며 아들이 먼저 말을 걸어왔다.

"배는 어떠니?"

"아직도 좀 그래요. 곧 낫겠지요."

"너는 생선 코너니?"

"네. 여기에서 일하래요."

"엄마도 갈치 줄래?"

아들은 내 말에 갈치를 손으로 덥석 집더니 "여기, 갈치 세 마리요."하면서 생선을 손질하는 아주머니에게 넘겨주었다.

집으로 돌아와서 꿀물과 소화제를 챙겨 다시 마트로 가서 건네주고 집에서 아들을 기다렸지만 아들은 저녁시간이 지나도록 오지 않았다. 늦은 시간까지 오지 않는 아들이 걱정이 되었지만 그렇다고 쪼르르 가보기도 그랬다. 초초한 마음으로 기다리고 있는데 11시가 다 되어 초인종이 울리더니 생선냄새를 가득 안고 아들이 들어왔다. 무려 열세시간을 서서 일하고 청소까지 하고 왔다며 아들은 자고 싶다고 제 방으로 들어갔다.

다음날도 아들은 마트로 출근을 했다.

어제와 같이 밤에 돌아온 아들은 "아줌마들이 참 치사해요." "자존심이 상해서 못하겠어요." "오늘은 반품되는 생선도 많았어요." "고등학교 담임선생님도 만났고 동네 아는 사람들은 모두 만났어요." 라며 투덜거리더니 "그만 두고 싶어요."라고 말했다.

듣고 있던 나는 아들의 고단한 하루가 고스란히 느껴져 콧날이 시큰거렸지만 "그만 두는 것은 네가 알아서 할일이지만 그곳이 그렇게 바쁜데 일단 네 대신 일 할 사람을 찾으라는 말부터 하고 다른 사람이 오면 그 때 그만 둬야겠지. 그리고 자존심 상할 것이 뭐있어. 목표를 두고 열심히 일하는 모습은 아름다운 거지." 라고 내 생각을 먼저 말했다.

조용히 내말을 듣고 있던 아들은 "엄마도 주무세요." 한마디 하고는 방으로 들어갔다. 다음날도 변함없이 아들은 늦었다며 아침도 먹는 둥 마는 둥 출근을 했다.

일당 4만원!

원래 3만원에 밥 두 끼를 주기로 했는데 밥은 집에서 먹고 올 테니

4만원을 달라고 하였단다. 어린애로 보이는 아들에게 그런 수완이 있을 줄이야.

며칠이 지나자 아들은 "엄마, 이제 생선 이름은 다 알 수 있어요. 아줌마들에게 방금 들어온 생선이라며 소개도 해주고 가격도 싸다고 말 해 줘요." "좀 지나면 마이크도 잡게 생겼어요."라고 농담을 하였다. "글쎄 좀 지나면 우리 아들 길가에서 '골라! 골라!' 도 하겠네." 나도 응수 하였다.

아들은 하루하루 일당을 받아왔다. 아들의 일당은 은행에 갈 시간이 없어 통장에 넣지 못하고 생선 냄새를 풀풀 풍기며 책상 위에 쌓여갔다. 나는 은행가는 일을 도와주고 싶었지만 아들이 제 손으로 번 돈을 직접 넣는 것이 좋을 것 같기도 하고, 그대로 두었다가 바로 핸드폰을 사는 것도 좋을 것 같아서 못 본 척 그대로 두었다.

드디어 아들이 열흘간의 아르바이트를 마치는 날이 되었다.

나는 어젯밤 아들이 들고 온 고등어를 조려 놓고 마트 앞으로 마중을 나갔다. 제 딴에 힘에 겨웠을 텐데 목표를 가지고 열심히 노력한 아들이 대견하고 기특했다. 노랑머리를 날리고 생선냄새가 풀풀 나겠지만 세상 무엇과도 바꿀 수 없는 아들을 빨리 안아 주고 싶어서였다.

빌립비 씨네 아이들
2016,08,01

딜리 뒷산을 오르며 나의 꼴레가들의 집을 한 집 한 집 지나 산으로 더 올라가다 보면 하나의 산등성이가 나온다. 그곳에는 빌립비라 불리는 나뭇꾼이 사는 집이 있다. 무엇이 그리 좋은지 언제나 싱글벙글 입이 귀에 걸려 있는 나뭇꾼 빌립비씨는 그의 사랑스러운 아내 시키다 씨와 열 명의 아이들과 함께 하늘에서 가장 가까운 그 만의 왕국에서 평화롭게 살고 있다.

빌립비 씨네 집은 전기가 들어오지 않는다. 전깃불을 켤 수 없는 밤에 그들은 달빛 아래에서 노래를 부를 것이고, 별을 세며 별똥별을 볼 것이다. 우물도 없다. 그러나 빌립비 씨네 집에 가면 언제나 긴 빨래 줄에 열 두 명의 옷들이 그 가정의 다복함을 말하듯 사이좋게 바람에 흔들리고 있다.

내가 빌립비 씨네 집을 알게 된 것은 한번 산꼭대기까지 올라가 보자는 단순한 생각에서였다. 그러나 산에 오르다 보니 그곳엔 길이 없어 풀숲을 헤치며 하늘만 보고 위로 올라가던 중, 뜻밖에 빌립비 씨네 집을 본 것이다.

나는 빌립비 씨 부부를 만나기 전에 아이들을 먼저 만났다. 그때는

빌립비 씨 부부가 외출한 후여서 집에 남아있던 아이들만 보게 된 것이었는데 처음 나를 본 아이 하나가 집 안으로 들어가더니 형제들을 데리고 나왔다. 그런데 아이들은 한 두 명이 아니었다. 간난아이까지 무려 열 명의 아이들이 내 앞에 선 것이다. 아이들이 보기에 나는 낯선 말라에(malae : 테툼어로 외국인 또는 이방인) 였을텐데 경계의 눈빛도 없이 한 명 한 명 내 앞으로 와서 내 손등에 입을 맞추며 예의를 표했다.

동티모르 아이들은 길을 걸어 갈 때 나에게 꼴레가라고 부르며 먼저 인사를 한다. 그렇지만 이렇게 손등에 입맞춤으로 예의를 표하는 아이들은 처음이어서 그날의 감동은 참으로 컸다. 나는 아이들이 너무 기특하고 사랑스러워서 배낭에서 과자를 꺼내어 그 중 한 아이에게 주었다. 그러자 과자를 받은 아이는 제일 큰언니에게 과자를 다시 주었고 큰언니는 그 과자를 골고루 동생들에게 나누어 주었다.

나는 그 모습을 보면서 잠시 한국에 계시는 내 어머니를 생각했다. 내가 어렸을 때 어머니는 먹을 것이 생기면 우리 육남매가 골고루 나누어 먹도록 하셨다. 비록 가난하였지만 우리 형제는 혼자 많은 것을 차지하려고 싸우지 않았고 서로 나누어 먹으며 형제간의 우애를 다지도록 교육받으며 자랐다.

내 앞에 선 아이들은 하나같이 맨발이었고 코는 질질 흘리고 옷에는 흙이 묻어 있었지만 아이들의 눈빛만은 천진스럽고 예뻤다.

아이들에게 "대한민국 ~~짝짝짝 짝짝 ~~" 하며 박수를 알려주었다. 몇 마디 한국어 인사말도 알려 주며 즐겁게 지내다 그날은 그렇게 아이들과 헤어졌다. 그런데 내려오다 보니 아이들이 줄줄이 나뭇짐을 머리에 이고 산등성이를 내려오고 있었다. 그중에는 한국이라면 한창 재롱이나 필 여섯 살 꼬마 아가씨도 자기 몫의 나무를 머리에 이고 있었다.

나는 그때 아이들의 그 모습을 잊을 수가 없었고, 집에 돌아와서도 자꾸 아이들이 생각나서 그다음 토요일에는 더 일찍 서둘러 산으로 올라갔다. 그날은 마침 아이들의 부모가 집에 함께 있었다. 그들은 점심이라며 낡은 식탁에 알파리나(고구마 비슷한 뿌리식물)와 따뜻한 물

을 정성스럽게 건네주었다. 그날 나는 보기에는 초라한 식탁이었지만 세상에서 먹었던 어떤 음식보다도 귀하고 맛있는 음식을 대접 받았다. 또한 '이렇게 마음이 따뜻한 부모 밑에서 자라는 아이들이라 아이들도 예의바르게 자라고 있구나'하는 생각이 들었다.

처음 빌립비 씨네 집에서 아이들을 만나고 집으로 돌아올 때는 나는 이 아이들의 부모는 열 명의 아이들을 키우느라 얼마나 고생이 많을까 싶었다. 그러나 내 염려와 다르게 이제 마흔을 갓 넘긴 빌립비씨 부부는 언제나 밝게 웃었으며 아이들에게 짜증 섞인 말이나 얼굴로 대하지 않았다. 불평불만이라고는 찾아 볼 수 없는 그들의 표정에는 행복이 담뿍 들어 있었다. 그리고 그들은 연신 콘텐티(테툼어로 kontente : 행복하다)라고 말했다.

나는 그들에게 가족사진을 찍어 주고 싶었다. 그런데 막상 사진을 찍으려고 가족들에게 모이자고 했더니 어느새 넷째 셀피아는 우물로 물을 길으러 갔는지 보이지 않았고, 막둥이 라파엘은 잠이 들어 결국 빌립비 씨 부부 그리고 팔 남매 그렇게 열 식구가 사진을 찍게 되었다. 나는 사진사처럼 자리 배치도 해 주고 "웃어보세요." "여기를 보세요." 하면서 사진을 찍었다. 보는 것만으로도 행복이 묻어나는 빌립비씨네 가족의 모습이었다. 그렇게 내가 빌립비 씨네 아이들을 만나러 가는 것은 동티모르에서 누리는 하나의 큰 즐거움이었다.

그러는 사이 큰 딸 리디아는 학교를 마치고 남자친구를 만나고 있었고, 어머니 시키다 씨는 리디아의 근사한 남자친구 사진을 보여 주었다.

둘째 제로니와 셋째, 사비누는 장남과 차남답게 씩씩하게 아버지와 나무도 하고 나무를 팔아 생계에 도움이 되고 있었다. 넷째, 얌전하고 예쁜 딸, 셀피아는 어머니가 없을 때는 나에게 어설프게 점심밥을 지어 주기도 했고, 귀한 계란도 삶아주었다.

다섯째, 메르셀라는 누나답게 쌍둥이 동생들을 돌보느라 언제나 여념이 없었다. 여섯째, 조엘과 일곱째, 산조는 멋진 사내아이로 커가고 있었고 어느 날은 나를 위하여 휘파람을 불어 주기도 했다. 여덟째, 애교쟁이 글레시아는 내가 피곤해서 잠시 마당에 자리를 깔고 누워있으면 살며시 내 옆에서 잠이 들곤 했다.

갓난쟁이여서 누나, 형들 품에 안겨 있었던 쌍둥이 형제 아홉째와 열째, 가브리엘과 라파엘은 어느새 병아리처럼 마당 구석구석을 아장 아장 걸어 다니고 있었다.

내가 빌립비 씨 집을 마지막으로 방문할 수밖에 없었던 날, 산 중턱 쯤에서 나무를 가득 수레에 실고 딜리로 팔러가는 빌립비씨와 셋째 사비누와 넷째 셀비아를 만났다. 나를 만나 잠시 땀을 식히던 빌립비씨가 아내와 아이들이 집에 있으니 어서 올라가 보라고 했다. 점심은 어떻게 할 거냐는 내 물음에 빌립비 씨는 여전히 사람 좋은 웃음만 띠었다. 가방에서 빵을 건네주고 나는 그들과 헤어져 빌립비 씨 집을 향해 올라갔고 빌립비씨와 아이들은 그날도 맨발인 채로 딜리를 향해 산길을 내려갔다.

빌립비 씨 집에 다다르니 나를 먼저 본 조엘과 산조가 달려 내려와서 여전히 내 손등에 예의를 표하며 반갑게 맞이했다. 아이들도 우리가 오랫동안 못 볼 거라는 것을 알았을까 그날은 아이들이 나를 위하여 성당에서 배운 찬양을 들려주었다. 아이들은 찬양을 부르다가 율동까지 하며 나를 즐겁게 해 주었다.

나는 가지고 간 빌립비 씨네 가족사진이 들어 있는 액자를 내 놓았다.

그것은 그들에게 주는 나의 마음이 담긴 마지막 선물이었다. 가족사진은 그들이 주일이 되어도 성당이 멀어서 못가기에 집에서 예배를 드리는 탁자 위에 놓여졌다.

작별 인사를 나누고 돌아서 오는데 아이들이 "하래달란"(haree dalan : 테툼어로 '길조심 하세요')이라고 몇 번을 말했다. 나는 돌아서 아이들을 보면 눈물이 나올 것 같아 대꾸 없이 땅만 보고 내려갔다. 그런 내 귀전으로 "대한민국~~ 짝짝짝 ~짝짝~~"하는 소리가 들렸다.

지금 시끼다 씨의 뱃속에는 열한 번째 아이가 자라고 있다. 빌립비 씨네 아이들은 곧 열한 명이 될 것이고 언젠가 내가 빌립비 씨 집을 찾을 때는 더 많은 아이들이 지금처럼 그렇게 사이좋게 지내고 있을 지도 모른다.

5

동티모르는 정으로 산다

동티모르는 구걸하는 사람이 한 사람도 없고 굶어 죽는 사람이 없다.
이들은 이웃 간에도, 낯선 이 에게도 서로 정을 나누고,
보듬으면서 살아가고 있기 때문이다.
정이란, 이웃을 넘어 나라를 끌고 가는 힘이다.

울 엄니는 홍시를 좋아 하신다

2016.08.25

창밖으로 보이는 싱그러운 망고나무를 보며 찐 고구마와 커피한잔으로 대하는 아침 식탁이다. 그러나 주말의 여유로움 보다는 황량함이 먼저 가슴에 스며든다. 오늘은 내 조국 한국이 더 그리운 날 인가보다.

이런 날은 한국에서 먹던 홍시라도 먹으며 마음을 달래는 것도 좋으련만 지금쯤은 한국에서도 귀한 홍시가 동티모르 천지 어디에 있겠는가.

내 친구는 단물이 쭉쭉 나오는 복숭아를 먹으며 행복감에 젖는다고 하고, 내 딸아이는 외출하고 돌아오자마자 냉장고에서 막 꺼내 먹는 수박이 제일 맛있다고 하지만 나는 어떤 과일 보다도 한 겨울에 잇속에 닿는 차가운 감촉을 느끼며 먹는 달차근한 홍시가 좋다. 유달리 홍시를 좋아하시는 어머니처럼 나도 나이가 들어가면서 홍시가 좋아졌다.

홍시…

내가 살았던 시골집 사랑채 뒤뜰엔 커다란 감나무가 있다. 그래서였을까? 언제부터인가 우리 집으로 오는 우편물엔 언제나 '감나무집'으로 주소가 마무리 되어 있었다. 해마다 뒤 곁에 감이 익어 가면 감나무 집 육남매는 토요일 오후, 어느 날을 잡아 주렁주렁 열린 감을 땄다. 남동생들은 나무에 올라가 손에 닿는 감은 직접 따서 아래로 던져주기도 하고, 가지 끝에 매달린 감은 감 가지를 부러뜨리기도 하면서 긴 막대기로 두들겨 따기도 했다.

언니들과 나는 동생들이 따주는 감을 바구니로 받기도 하고 바닥에서 줍기도 하였고, 깨진 감은 그 자리에서 발라 먹기도 했다. 따면서 받으면서 떨어 뜨려 깨지는 것도 많았지만, 그날은 감나무 집 육남매가 감을 따고 있다는 것이 온 동네방네에 웃음소리로 알려지는 날이었다. 우리 형제는 감을 한 곳에 모아 놓은 후 떨어진 감가지 중에서 감이 많이 붙고 보기에도 좋은 감 가지를 골라 방마다 벽에 걸어 놓은 후 감 따기 일과를 마무리 하였다.

어머니는 감의 상태에 따라 덜 익은 것은 항아리에 넣고 소금물을 부어 우리셨고, 일부는 말랑말랑하게 익어가는 순서대로 먹도록 광주리에 담아 놓으셨으며 깨진 감은 깎아 말려 어설픈 곶감을 만드셨다.

감나무 집으로 이사 오기 전까지 우리는 읍내, 아버지의 직장 뒤편에 있는 일본식 사택에서 살았다. 우리는 그곳에서 할아버지, 할머니 그리고 언제나 우리들을 가르칠 걱정부터 앞세우셨던 아버지와 만삭의 어머니와 우리 오남매, 아홉 식구가 아버지의 월급봉투만 바라보고 살았다. 그래도 우리는 그곳에서 이불하나를 서로 덮겠다고 끌어당기고, 찐 고구마 한 개를 더 먹겠다고 싸우면서도 아름다운 유년의 추억을 담았다.

우리가 사는 사택 주변에는 먹을 것을 파는 잡상인도 많았다. 엿을 가위로 톡톡 쳐서 파는 엿장수 할아버지도 있었고, 종이 상자에 찹쌀떡을 담아 놓고 파는 아주머니도 있었고, 뻥튀기 등 튀밥을 풍성하게 늘어놓고 파는 아저씨도 있었다. 어느 날 나는 학교에서 돌아오다가 집 앞에서 어머니를 만났다. 어머니는 불뚝한 배를 하고 서서 아주머니가 팔고 있는 잘 익은 홍시를 물끄러미 바라보고 계셨다. 반가운 마음에 '엄마'하고 부르니 어머니는 소스라치게 놀라며 내 손을 끌고 집으로 서둘러 들어오셨다.

그해 겨울 어머니는 막내 동생을 낳으셨다. 그리고 다음해 우리는 아버지께서 다니시던 회사의 사택을 비워 주면서 그 집을 나왔다. 그 후로 우리 식구는 감나무 집으로 이사를 했다. 솔밭 길을 지나면 보이는 조그마한 기와집으로 우리 열 식구는 뒤 곁에 감이 주렁주렁 매달린 것처럼 함께 왔다. 나는 유월의 감꽃 향기와 여름날의 매미소리를 들으며 시집 갈 때까지 그 집에서 살았다.

내가 결혼 하던 해는 유달리 감이 풍년이었다. 신혼살림을 푸는데 뜻밖에 짐 속에 감이 한 자루 들어 있었다. 그 당시 나에게 감은 귤이

나 사과처럼 새콤하고 달콤하지도 않은 밋밋한 과일이었다. 그래서 나무에서 딸 때는 재미있어도 거의 손을 대지는 않았다. 어머니는 당신이 맛이 있으니 그 맛있는 감을 시집가는 딸에게 먹으라고 한 자루 보내셨겠지만 그때 나는 어머니의 마음도 감의 맛도 몰랐다.

언제나 늦가을 날씨처럼 어머니의 마음에 찬바람만 안겨드리던 내가, 신혼살림 속에 감 한 자루 담아 시집 온 후로 동생들도 한명씩 도시로 학교를 다니게 되면서 육남매는 자연스럽게 모두 감나무 집을 떠나게 되었다. 육남매가 바쁘게 사는 동안 감나무 늘어선 사랑채 뒷밭에 할머니가 먼저 묻히셨고, 몇 년 후 할머니 옆으로 할아버지가 묻히셨고, 그리고 가지가 찢어질 듯 야속하게도 감이 많이 열려있던 2005년 가을날, 할아버지 옆으로 아버지가 묻히셨다.

아버지 장례를 치른 후에도 감나무집 뒤 곁엔 감이 열렸다 떨어지다 까치밥 몇 개 홍시로 남게 되어도 육남매는 아무도 가을에 시골집을 찾지 않았다. 나훈아 님의 노래처럼 울 엄니는 홍시를 무척이나 좋아하시는데도.

동티모르의 나무들

2016.11.01

동티모르에 살다보면 그리운 것이 사람만이 아니다. 변함없이 사철 푸른 나무를 보고 있으면 단풍 곱게 물든 한국의 가을 산이 그리울 때가 있다. 게다가 올해는 46년 만에 설악산 만경대를 개방했다는 소식이 들려왔다. 분명 한국에 있었다면 나는 설악산 만경대를 찾았을 것이다. 그리고 곱게 물든 단풍에 취해 여유로운 걸음으로 둘레 길을 꿈을 꾸듯 걸었을 것이다.

매일 같이 뜨거운 날씨에 사철 푸른 나무가 가끔은 지겨울 때가 있다. 그런날은 더욱 우리나라의 가을 산이 그리워진다. 이럴 때는 한국에서 볼 수 없는 동티모르의 아름다운 나무들의 이름을 하나하나 알아가는 소소한 기쁨으로 대신하며 마음을 달랜다.

딜리 바닷가를 거닐다 보면 커다란 나무 한그루가 떡하니 버티고 서있다. 나는 그 나무를 볼 때 마다 어쩌면 저렇게 잘 자랐을까 감탄을 한다. 그런데 이 나무는 잘생긴 모습과 다르게 이름이 '아이마딴두꾸르ai matan-dukur'다. 테툼어로 '아이'는 '나무' 이고 '마딴두꾸르matan-dukur'는 '졸리운'이라는 뜻이니 '아이 마딴 두꾸르'는 '졸리운 나무'라고 할 수 있다.

이토록 근사하게 생긴 나무 이름이 '졸리운 나무'가 뭔가 싶었는데 누군가 말하기를"사람들이 지나가다 나무아래에서 잠시 졸린 눈을 붙이고 쉬어 가라고 그런 이름을 붙인 것 같다"고 말했다. 꿈보다 좋은 해몽이다. 그러나 커다란 나무답게 그늘도 넓게 드리운 '마딴 두꾸르 나무'는 '졸리운 나무'가 아니라 '졸리운 사람을 위한 나무'로 지나가는 사람들에게 쉼터가 되어주는 나무인 것은 확실하니 그 말이 맞는 것 같다.

동티모르에서 많이 볼 수 있는 나무 중에 '부부르 나무'가 있다. 딜리는 산으로 둘러 싸여있는데 산마다 '부부르 나무'는 일제히 봉기를 들고 일어선 민중처럼 함께 서 있다. 기름을 짜기도 하고, 근육을 풀어주는 맛사지 도구를 만들기도 한다는 '부부르 나무'는 땔감으로 가장 많이 이용된다.

이곳은 아직도 음식점 뿐 만이 아니고 가정집에서도 나무를 때서 음식을 만드는 집이 많다. 땔감으로 이용 될 '부부르 나무'는 예전의 우리나라에서 나뭇짐을 팔았듯이 직접 어깨에 메고 이 곳 저 곳 다니

면서 팔기도 하고, 옷가게나 야채가게 앞에 나뭇단을 쌓아 놓고 팔기도 한다. 나무가 가늘어도 단단해 보이는 것처럼 화력도 좋고 오래 타기 때문에 딜리의 길거리 음식인 닭꼬치도 화덕에 구워 판다. 이렇게 쓰임이 많은 '부부르 나무'는 아무래도 한국의 소나무와 같이 친근하고 유용한 나무 같다.

동티모르의 주요 작물은 커피다. 커피가 많이 생산되는'에르메라'에 커피나무를 보러 간 적이 있다. 국토의 80% 이상이 산인만큼 산 넘고 산 넘어 찾아간 '에르메라' 에서는 마침 커피나무에 매달려 있는 커피체리를 농부들이 따고 있었다. 동티모르에서 나오는 커피는 대부분 야생이고 유기농커피다. 이 커피는 주요 수출품목으로 농민들에게 소득원이 되어 준다.

그런데 재미있는 것은 커피를 지켜주는 나무가 있다는 것이다. 커피나무에 열매가 잘 맺을 수 있도록 곁에서 돌봐준다는 그 나무의 이름은 '삼두꾸 나무'란다. 우리나라 '자작나무'처럼 쭉 쭉 위로 뻗은 이 '삼뚜꾸 나무'는 커피나무 옆에 서서 건기 철에는 강한 햇볕을 막아주고, 우기 철에는 게릴라성 폭우로부터 보호한다. 누구는 커피나무를 지켜주는 이 나무가 '삼두꾸 남자 나무'라고 하고, 누구는 '삼두꾸 여자 나무'라고 했다. 커피나무를 지켜주는 '삼두꾸 나무'가 여자 나무이든 남자나무이든 그 것이 무에 그리 중요하겠는가. 커피체리를 튼실하게 잘 맺을 수 있도록 든든히 지켜주면 되는 것이지.

내가 좋아하는 나무 중에 이름을 모르는 나무도 있다. 딜리 앞바다의 '아따우로 섬'에 가면 산 중턱쯤에 두 그루의 나무가 사이좋게 나란히 서있다. 나는 그 나무의 이름이 궁금하여 학교에서 선생님들에게 묻고 학생들에게도 사진을 보여 주며 물었지만 누구도 아는 사람이 없었다. 어느 날 한 학생이 그 나무의 이름이 '아이따시' 즉 '바다나무'라고 알려 주었다. 나는 반가움에 '바다나무'를 찾아보니 '맹그로브 mangrove'나무를 바다나무라고 했다. 그렇다면 내가 이름을 알고 싶어 하는 그 나무는 산에 있으니 '맹그로브'가 아닌 것이 확실하고 이름도 예쁜 '바다나무'의 진짜 이름은 무엇일까 더욱 알고 싶어 졌다.

그래서 나는 이곳을 떠나기 전 꼭 한번은 '아따우로' 섬에 다녀오려고 한다. 산 중턱에 나란히 서있는 나무도 보고 싶고, 무엇보다 좋아한다면 이름정도는 정확히 불러주어야 될 것 같아서이다.

나는 호기심 많은 아이처럼 주변 사람들에게 나무 이름을 물으며 한가지 씩 알아 가고 있다. 한국의 나무처럼 고운 단풍은 없어도 사철 푸른 나무의 매력도 있지 않은가.

동티모르의 나무들을 고맙고 친근하고 재미있는 이름으로 기억하지만 나는 이곳에서 맺은 소중한 인연도 나무를 닮았다는 생각을 한다. 한곳에 뿌리를 내리면 변함없는 나무처럼 내 마음도 그러하리라.

발리보에서

2016.12.12

동티모르에서 사는 동안 꼭 한번 가보고 싶은 곳이 몇 군데 있다.

까멜리 나무를 볼 수 있다는 수와이.

우리나라 지리산과 한라산이 함께 어우러진 것처럼 아름답다는 라멜라우 산.

인도네시아 속에 동티모르의 도시로 씩씩하게 남아있는 오웨쿠시.

그리고 생인손을 앓고 난 흔적처럼 역사의 아픔을 안고 있는 발리보다.

그 중에서 나는 발리보를 먼저 찾았다. 내가 발리보를 먼저 찾은 이유는 발리보 사람들의 발자취를 따라가 보고 싶어서였다. 발리보 사람들의 발자취는 곧 동티모르의 역사이기 때문이다.

인도양 끝자락에 있는 티모르 섬, 말레이어로 "동쪽"이라 불리는 곳. 이곳 사람들은 가난하지만 순박하게 살고 있었다. 어느 해 티모르 섬에 골리앗 같이 거대한 포르투갈과 네덜란드가 들어왔다. 그들은 이곳에서 소중한 자원을 착취해 가며 티모르 섬을 동서로 나누고 이들 위에서 450 여 년을 군림하였다.

동티모르가 포르투갈로 부터 해방이 되 던 해인 1975년, 인도네시아는 기다렸다는 듯이 독립 9일 만에 동티모르를 침공하여 강제 합병을 하였으며 이 과정에서 동티모르의 많은 사람들이 목숨을 잃는 비극이 일어났다. 그러나 동티모르 사람들은 식민치하 25년을 종식시키며 인도네시아로부터 독립을 이루었다.

나는 동티모르 사람들이 독립을 할 수 있었던 힘은 맨발에서 나왔다고 생각한다. 맨발의 힘, 신발을 벗는 다는 것은 자기에게 있는 모든 것을 아낌없이 내려놓고 시작한다는 것이다. 그들은 맨발로 독립을 이루어 새로운 그들의 세상을 만들어 냈고, 그들이 만들어 놓은 세상에서 느리지만 조금씩 세계 속에 동티모르를 알리며 앞으로 나아가고 있다.

내가 일 년 넘게 이곳에 살면서 바라본 동티모르 사람들은 욕심 없이 서로 사랑하며 나누고 보듬으면서 알콩달콩 살아가고 있다. 그들은 오래 전 어느 부족을 이루고 살 때부터 그렇게 살았을 것이다.

내가 만약 동티모르에서 여생을 보낸다면 발리보에서 이들과 더불어 오손 도손 살고 싶다는 생각이들 만큼 발리보는 사방이 산으로 둘러싸인 정겹고 아름답고 평화로워 보이는 작은 도시였다.

발리보 시내를 벗어나 산기슭으로 접어드는 오솔길을 걷고 있는데 작은 여자 아이가 내 뒤를 따라왔다. 나는 아이가 귀여워 습관처럼 이름을 물었더니 '엘자'라고 했다. 엘자에게 사진을 찍자고 하자 멋쩍어하면서도 차렷 자세를 취하고 서있더니 사진을 찍자마자 어디론가 막 뛰기 시작했다. 나도 호기심에 빠른 걸음으로 엘자의 뒤를 따랐다.

엘자가 들어 간 조그만 집 앞에 섰을 때 빌립비씨네 아이들처럼 많은 아이들이 그 집에서 나와 나를 환영해 주었다. 그새 엘자가 말했는지 아이들은 내 앞에서 익살스럽고 개구쟁이 같은 포즈를 취하며 사진 찍어주기를 기다렸다. 어디를 가나 천진한 웃음을 보이며 낯선 사람들에 대한 경계심이 없이, 있는 모습 그대로 사진 찍기를 좋아하는 동티모르 아이들. 나는 이런 아이들이 좋다.

아이들과 헤어져 걷다보니 발리보 보건소가 나왔다. 산속 작은 도시 발리보 사람

들의 건강을 염려하는 수많은 발걸음이 오고갔을 발리보 보건소에서 나 역시 이들이 건강하게 살아가기를 바랐다. 발리보 사람들의 의지와 상관없이 쓰나미처럼 몰려온 외세의 탄압으로 받은 상처가 이제는 모두 아물었기를, 그들의 몸과 마음이 평안하기를 바라면서 발길을 돌렸다.

집으로 돌아오면서 나는 2009년 로버트 코놀지 작품의 〈발리보〉라는 영화를 떠올렸다. 인도네시아가 동티모르를 침공하던 역사의 현장에 이렇게 천진한 아이들이 살고 있던 발리보가 있었고, 이를 세상에 알리고자 발리보에 머물면서 취재를 하던 호주 기자 5명이 자취를 감추는 사건으로 영화가 시작된다. 영화의 주된 내용은 호주 기자들의 사살 사건과 은폐 된 진실을 캐내는 것이지만 그 속에는 발리보 사람들이 인도네시아로부터의 침공에 참혹하게 희생당하는 이야기가 나온다.

나는 〈발리보〉라는 영화에서 인도네시아 점령군들에 의해 처참하게 쓰러져 있는 발리보 사람들을 보며 후세(동티모르 2대 대통령)가 "야만인"이라고 외치며 울부짖는 소리가 들려오는 듯했다. 자국민들의 죽음을 보며 가슴 미어지는 아픔으로 토로하는 장면이다.

야만인이라는 단어는 '미개하여 문화 수준이 낮은 사람, 교양이 없고 무례한 사람을 낮잡아 이르는 말'이라고 사전은 정의 한다. 그러나 영화 〈발리보〉를 보면서 내가 생각하는 야만인은 남의 권리를 함부로 빼앗는 자이고, 남의 생명을 자기 마음대로 좌지우지 하려는 자이며, 남의 삶을 마음대로 짓밟는 자야말로 야만인이라는 생각이 들었다.

발리보를 뒤로하고 돌아오는데 머지않아 돌아 갈 우리나라가 생각났다. 광화문 광장의 촛불이 함성처럼 퍼지고 출렁이는 장면이 떠올랐다.

국민의 한사람으로 함께 하지 못하지만 내 가슴에 촛불하나 지핀다.

테툼어가 내게로 왔다

2017.01.10

세계는 3,000여개의 언어를 사용하고 있다. 나는 그 중에 하나인 테툼어에 빠져 있다. 테툼어는 세계인이 가장 많이 사용하는 중국어 같은 언어도 아니고, 세계 공통 언어로 강력한 힘을 자랑하는 영어 같은 언어도 아니다. 겨우 인구 백 만 명 정도가 사용하는 동티모르의 토착 언어이자 모국어이다.

동티모르 사람들은 테툼어 만 사용하는 것도 아니다. 공문서 등은 포루투갈어를 사용하고 포루투갈어로 된 교과서로 수업을 받는다. 이렇게 동티모르는 테툼어와 포루투갈어 두 개의 공식 언어를 사용하고 있다.

지난해 우리나라에서도 잘 알려진 동티모르 유소년 축구대표팀의 김신환 감독이 우리학교 학생들에게 특강을 한 적이 있다. 그때 김 감독은 인도네시아어로 강의를 하였는데 학생들은 그 강의 내용을 알아듣고 있었다. 감독이 강의 중간에 학생들에게 질문을 하면 학생들은 대답도 곧 잘하고 머리도 끄덕이며 공감을 표하기도 했다. 강의 중에 간간이 웃음소리가 터져 나오기도 하였는데 그때 인도네시아어를 전혀 모르는 나만 멀뚱멀뚱 멋 적게 서있는 교실안의 이방인이었다.

나는 수업을 할 때 테툼어에 없는 단어나 문법은 영어로 설명을 해준다. 학생들은 영어도 알고 있기 때문에 가능한 일이다. 동티모르는 학생들을 포함하여 일부 성인 중에는 테툼어, 포루투갈어, 인도네시아어 여기에 영어를 더하여 4개 언어로 의사소통이 가능하다고 볼 수 있다. 물론 개별 차이는 있지만 학교에 동료 선생님들만 봐도 그렇다. 외국어 하나도 제대로 구사하기 어려운데 4개 국어를 구사한다는 것은 참으로 대단한 것이다.

동티모르 사람들이 테툼어인 모어 외에 다른 언어를 잘 할 수 있는 이유는 역사적인 면도 한 몫을 한 것 같다. 이들은 포루투갈과 인도네시아의 식민지 생활과 유엔군의 주둔으로 다양한 언어를 자연스럽게

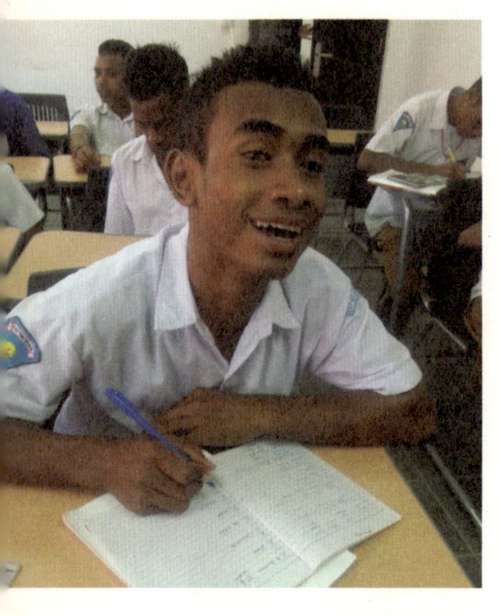

접 할 수 있었기 때문이다. 하지만 동티모르 사람들은 기본적으로 언어에 대한 두려움이 없는 것 같다. 언어에 대한 넉살이 좋다고 할까.

길을 걷다보면 초등학생 정도의 아이들이 나를 보고 '니 하오'라고 먼저 중국어로 인사하며 말을 걸어 올 때가 있다. 그럴 때 "나는 중국 사람이 아니고 한국 사람이야."라고 말을 해준다. 그러면 아이들은 바로 "안녕하세요?"라고 말을 바꿔 인사를 한다. 동티모르 아이들은 어디서 들었는지 여러 나라의 인사말을 하며 외국인에게 쉽게 다가온다. 나는 이런 아이들을 볼 때면 다른 언어는 고사하고 영어 한 가지만이라도 넉살이 있었으면 좋겠다는 생각이 든다.

살아오는 동안 그림자처럼 붙어 다니는 영어. 나는 영어 앞에서 한 번도 자유로운 적이 없었다. 울렁증이 도지고 어느 가요의 노랫말처럼 한없이 작아진다. 나는 딜리에 있는 International 교회에 다니고 있다. 교회에 가면 세계 여러 나라에서 온 다양한 사람들이 모여 예배를 드리고 난 후 담소를 즐긴다. 그래서 얼마든지 영어를 사용하는 사람들과 교류를 할 수 있음에도 불구하고 단 한 번도 내가 교인들에게 먼저 인사를 한 적이 없다. 도무지 영어와 친해지지 않는다.

그런 반면 테툼어는 좀 달랐다. 단순하고 간결한 문법구조를 가지고 있어서 이해하며 활용하면 쉽게 문장을 만들고 응용할 수 있고 무엇보다도 영어와 달리 일단 말을 하는데 재미가 있다. 이상하게 영어나 중국어보다 단어도 잘 외워진다. 언어도 사람과의 관계처럼 마음과 감성이 잘 맞는 경우가 있는 것 같다. 내가 새로운 나라 말을 할 수 있다는 것이 신기하기만 할 뿐이다.

동티모르에 와서 처음엔 버벅거리며 테툼어를 조심스럽게 입을 떼었지만 열심히 학원에서 강의를 듣고 집에 와서 복습과 예습을 철저히 하였다. 강의는 2개월로 끝이 났다. 그렇지만 그 후에도 혼자 테툼어 교재로 학습을 하고, 테툼어로 말이 하고 싶어서 길을 걷다가도 내가 먼저 말을 거는 넉살도 보였다. 그러다보니 나도 모르는 사이 테툼어가 내게로 와서 귀와 입이 열리게 되었다.

내가 동티모르에 오자마자 한 일은 1, 2, 3학년 고등학생을 위한 한국어 커리큘럼을 만드는 일이었다. 그때 만든 커리큘럼으로 우리학교는 한국어가 제2외국어로 지정되어 다음해 신학기부터 정규과목으로 수업이 시작되었다.

동티모르 고등학생들에게 한국어가 필요한 이유는 동티모르의 청년들이 한국에 가서 공장이나 수산업 쪽에서 일하기를 원하고 이를 위하여 한국어를 공부하고 있기 때문이다. 2009년부터 매년 많은 동티모르 청년들이 한국에서 일을 마치고 왔거나 현재 일을 하고 있으며, 한국으로 일을 하러 가기 위하여 준비하고 있는 청년들만 해도 해마다 천여 명이 넘는다.

그렇기에 나는 먼저 우리학교 학생들이라도 쉽게 한국어를 공부할 수 있도록 한국어 교재를 보완해 보기로 하였다. 우리학교에는 나 외에도 한국어를 가르치는 두 분의 선생님들이 있는데 함께 학생들을 위한 맞춤형 교재를 만들기로 한 것이다.

뜻이 모아지자 우리는 방학을 이용하여 한국어 교재를 보완하는데 주력을 하였고, 일단 졸업을 하면 취업을 해야 할 3학년 학생을 위한 교재를 먼저 만들어 이번 신학기부터 사용할 수 있도록 지금 인쇄에 들어갔다.

우리 세 명의 한국어 교사는 3학년 학생을 위한 교재를 만들어 본 경험을 바탕으로 다시 전 학년이 사용 할 수 있는 한국어 교재를 새로 구상 중에 있다. 이 책이 한국어를 배우는 다른 동티모르 청년들에게도 유용하게 활용되면 더욱 좋겠다는 생각으로 말이다.

나는 동티모르를 떠나기 전에 한가지 하고 싶은 일이 더 있다. 그것은 테툼어를 모어로 사용하는 학습자들이 한국어를 쉽게 이해하고 배울 수 있는 방법을 찾는 것이며 그것을 위하여 먼저 한국어와 테툼어를 비교하여 정리 하는 일이다.

동티모르에서 지낸 시간들이 내 삶의 일부인 만큼 소홀히 해서는 안 될 것 같다. 테툼어를 사용하며 함께 정을 나누며 지낸 사랑하는 사람들과 영어나 중국어와는 달리 언어에 대한 두려움을 없애준 테툼어에 대한 고마운 나의 마음을 이렇게라도 선물로 남겨주고 동티모르를 떠나고 싶다.

동티모르는 정으로 산다

2017.02.16

해가 바뀌면서 빌립비 씨네 소식이 궁금했다. 빌립비 씨의 아내 '시키다' 씨는 열한 번째 아이를 출산했는지 궁금했고, 한 살씩 나이를 더 먹은 열 명의 아이들도 보고 싶었다. 마침 학생 중에 빌립비 씨네 인근 동네인 '다래'라는 곳에 '니지아'라는 여학생이 살고 있었다. 그래서 니지아를 통해 빌립비 씨네 소식을 들을 수 있었다.

지난 해 빌립비 씨 집을 찾았을 때, 시키다 씨는 분명 내년 1월이 출산 예정이라고 했다. 그런데 웬일인지 시키다 씨가 출산을 하지 않았다는 것이다. 아직 출산을 하지 않았다는 말에 염려가 되기도 했지만 한편으로는 다행이다 싶었다. 아이를 낳기 전에 고기 국이라도 한 번 먹을 수 있도록 해주고 싶었기 때문이다.

니지아를 벗 삼아 빌립비 씨 집을 방문하기로 한 날, 밤새 내리던 비가 아침이 되어도 그치지 않았다. 다행이 폭우는 아니어서 우비를 입고 니지아와 만나기로 한 따이베시 시장으로 갔다. 따이베시 시장에서 트럭을 개조 한 '앙구나'를 타기 위해서였다. 앙구나를 타고 울퉁불퉁한 산길로 30분정도는 갔으나 거기가 끝이 아니라 내려서 다시 산길을 걸어야했다. 날씨마저 도와주지 않아 비까지 오락가락 불편하게 했다.

니지아가 안내한 길은 그동안 내가 다녔던 길과는 달랐다. 영화 '인디에나 존스'에 나올 법한 밀림속 미로 같은 길이었다. 걷고 또 걸었지만 아이들을 만나 볼 생각에 걸음은 빨라지고 마음은 걸음보다 앞서 가고 있었다. 한참을 걷다 보니 드디어 빌립비 씨 집이 훤히 보이는 산위에 섰다. 어느새 우리를 보고 시키다 씨가 손을 흔들고 있었다. 아이들도 집안으로 들어가 우리들이 앉을 의자를 들고 마당으로 나오는 모습이 보였다.

몇 달 만에 만나는 시키다 씨는 만삭임에도 건강해 보였다. 아이들도 지난번 보다 얼굴이 한결 좋아보였고 집안에 생기가 돌았다. 이곳에 올 때마다 가축을 키우면 좋겠다는 생각이 들었는데 반갑게도 마당에는 닭 몇 마리가 돌아다니고 개도 한 마리 키우고 있었다. 그 사

이 형편이 좀 나아진 듯 보여 다행이다 싶었다.

빌립비 씨는 큰 아들 조엘과 딜리로 나무를 팔러 나가서 집에 없었다. 빌립비 씨와 조엘을 못 봐 서운했지만 아이들과 노래를 부르고, 사진도 찍으면서 즐거운 시간을 보냈다. 해가 지기 전에 내려 와야 해서 아쉬운 작별을 고하는데 시키다 씨가 나를 부르더니 집안으로 데리고 갔다. 집안 한쪽에는 겁먹은 닭 한 마리가 묶여 있었다. 어릴 적 장날에 보았던 그 모습이었다. 그녀는 묶여있는 닭을 나에게 가져가서 요리 해 먹으라며 닭을 잡는 시늉을 했다. 그녀의 뜻밖의 제안에 나는 깜짝 놀라 손사래를 쳤다. 그녀는 돌아서는 내 뒤를 따라오며 닭을 가져가라고 팔을 끌어 당겼지만, 그녀의 과분한 정만 가슴에 담고 니지아와 산길로 들어섰다.

시키다 씨는 궁한 형편에 어떻게 그 귀한 닭을 나에게 줄 생각을 했을까. 저 닭 한 마리면 오래전 우리가 그랬듯이 빌립비 씨네 열두 식구가 모처럼 기름진 식사를 할 수 있을 것이다.

순박한 시키다 씨를 생각하며 얼마를 걸었을까 함께 걷던 니지아가 반가운 기색을 했다. 우연히 사촌 동생 '알렉스'를 만난 것이다. 알렉스와 이야기를 나누던 니지아가 나에게 알렉스네 집에 잠시 들렀다 가자고 했다. 거절할 입장이 아니었다.

우리가 알렉스 집에 도착했을 때 그곳엔 빌립비 씨네 보다 더 많은 식구들이 나와서 우리를 반겨주었다. 예정에 없던 방문으로 어색해하고 있는 나에게 알렉스 가족은 한 명 한 명 반갑게 손을 잡아 주며 인사를 하고, 함께 사진도 찍고, 집 주변에 있는 나무도 보여 주었다.

그들과도 잠시 즐거운 시간을 보내고 돌아서는데 알렉스 할머니께

서 기다리라며 나를 붙잡았다. 그리고 아보카토를 한 봉지 담아 들고 나와 낯선 길손인 내손에 들려 주셨다. 아보가토 봉지 속에는 동티모르 사람의 인정이 함께 담겨 있었다. 큰 것이 아니어도 서로 나누고 살아가는 모습에 가슴을 따뜻하게 했다.

어느새 종일 나와 친구처럼 동행 해 준 니지아와도 헤어져야 할 시간이 되었다. 하루 종일 수고한 니지아를 안아주는데 "선생님 잠깐만요." 하면서 니지아가 메고 있던 배낭을 내려놓았다. 그리고 배낭에서 오이 한 개를 꺼내더니 "선생님 오이예요." 하면서 나에게 주었다.

오이!

한글을 배우는 학생들이 먼저 배우는 단어는 '아이', '오이', '우유' 등 모음으로 되는 단어다. 나는 이 단어 중 오이를 가르칠 때 '하우 고스타 오이'(나는 오이를 좋아한다) '하우 하카락 한 오이'(나는 오이가 먹고 싶다) 하며 테툼어 문장 속에 오이를 넣어 예문을 들어 주었더니 니지아는 내가 오이를 좋아한다고 생각했나보다. 그래서 집에서부터 오이 하나를 챙겨 와 종일 가지고 다니다가 헤어질 때 나에게 주고 집으로 간 것이다. 작은 선물에 가슴이 뭉클해졌다.

정이란 계산으로 나오는 것이 아니다. 그냥 마음에서 조건 없이 나오는 진심 일 뿐이다. 가끔 내 지인들은 먼 이국땅에서 어떻게 사느냐고 묻곤 한다. 이럴 때면 나는 서슴없이 정으로 산다고 대답한다. 처음 이곳에서 정을 붙이지 못하고 있을 때, 찐 옥수수 두 개를 전해주며 환하게 웃던 얼굴을 생각하며 나도 이처럼 소박한 정을 나누며 살아야겠다는 생각을 했듯이 말이다.

동티모르는 구걸하는 사람이 한 사람도 없고 굶어 죽는 사람이 없다. 이들은 이웃 간에도, 낯선 이 에게도 서로 정을 나누고, 보듬으면서 살아가고 있기 때문이다. 정이란, 이웃을 넘어 나라를 끌고 가는 힘이다.

쪼리와 맨발

2017.04.03

무심히 내 발을 바라본다. 검게 그을린 뭉뚝한 발. 그 위에 선명하게 그려진 쪼리 자국이 있다. 발을 보고 있으니 이젠 나도 동티모르 사람이 다 된 것 같아 슬그머니 입가에 미소가 핀다.

쪼리는 엄지발가락과 둘째발가락 사이에 줄을 끼운 아주 단순한 형태의 신발이다. 디자인과는 거리가 멀고 원시적인 분홍, 빨강, 파랑, 초록 같은 색깔의 줄로 멋을 냈다고 할 수 있다. 그렇다고 색이 아름답게 두드러져 보이는 것도 아니어서 쪼리는 그냥 쪼리 일 뿐이다.

이런 신발을 동티모르 사람들은 아주 즐겨 신는다. 오토바이를 타고 지나가는 청년도, 길가에 앉아서 수다를 떨고 있는 동네 아주머니들도, 가족 나들이를 나선 어느 가족도 모두 쪼리를 신고 있다. 이렇듯 동티모르사람들은 남녀노소를 가리지 않고 쪼리를 신고 있으니 쪼리는 가히 국민 신발 이라고 할 수 있다. 나 역시 어디를 가든지 쪼리를 신고 간다. 이곳에서는 쪼리를 신고 못갈 곳은 아무 곳도 없다.

나도 처음에는 쪼리를 신고 나가기가 민망하여 쪼리는 주로 집에서만 신었고 동네에 나갈 일이 있으면 샌들이나 운동화로 바꿔 신고 나갔다. 이처럼 신발을 갖춰 신는 것이 나름 예의로 알고 있던 내가, 쪼리를 신고 거침없이 어디든 갈 수 있었던 것은 지난 년 말 송구 영신예배를 드리고 온 후부터이다.

그날은 자정이 되면서 1부는 테툼어, 2부는 영어로 예배가 진행되었다. 참여한 성도들이 다함께 드리는 예배인 만큼 경건하리라 생각했던 송구영신 예배에 동티모르 목사님은 맨발로, 호주 목사님은 쪼리를 신고 오셔서 나는 그 모습이 적잖이 당황스러웠다. 새해의 메시지를 기쁨으로 전하시는 두 분의 목사님 말씀 보다는 맨발과 쪼리를 신고 예배당에 서 있는 두 분을 생뚱하게 바라보며 예배에 집중하지 못했다. 내가 왠지 바리새인 같았다는 생각을 했던 것은 예배를 마치고 집으로 돌아오면서였다. 보여지는 현상이 뭐 그리 중요하기에… 그 후로 나는 쪼리를 편하게 신고 다니게 되었다. 마치 걸치고 다니던 허물을 벗어 버린 것처럼 신발로부터 자유로워질 수 있었다.

쪼리는 서민적인 신발이면서도 장점이 많은 신발이다. 일단 가격이 저렴하다. 발이 편하고 땀이 나지 않으니 발 냄새가 나지 않고 시원하면서 가볍다. 또한 다른 슬리퍼처럼 걸을 때 소리가 나지 않아서 좋다.

그렇지만 동티모르 사람들이 언제나 쪼리를 신고 다니는 것만은

아니다. 학생들은 운동화를 신고 학교에 오고, 대부분 사람들은 구두를 신고 출근을 하며 특별한 날에는 형형색색의 아름다운 구두를 신고 다닌다. 그렇지만 학교나 직장 밖 세상에서는 모두들 쪼리를 신고 있다. 그도 아닐 때는 신발을 벗은 상태인 맨발이다. 쪼리를 신지 않은 사람은 맨발로 어디 든 자유롭게 다닌다. 나는 아직까지 맨발로 다니다가 발을 다쳤다는 사람을 본적이 없다. 어른도 아이도, 남자도 여자도 편 한데로 맨발로 다닌다.

지난 1월 우리학교 입학식이 있었다. 나는 신입생들 사진을 찍다가 깜짝 놀랐다. 유독 한 학생이 눈에 띄었기 때문이다. 신입생들은 입학식이라고 양말을 신고 운동화도 깨끗하게 빨아 신고 나름 멋을 내고 학교에 왔다. 그 중에 쪼리 조차도 신지 않은 한 학생이 맨발인 채로 학생들 속에 당당히 서 있었다. 나는 그 학생의 모습에서 지금은 하늘나라에 계신 아버지의 모습을 보았다.

우리 아버지는 농업고등학교를 나오셨다. 가난한 농군의 맏아들이었던 아버지는 학교에 가기 위하여 준비하는 교복이나 운동화 보다는 학교에 등록금을 내는 일이 먼저였다. 그러기에 아버지는 운동화도 없이 맨발로 학교를 다니셨다고 말씀 하셨다. 동티모르처럼 사철이 더운 나라에서는 그나마 다행이겠지만 사계절이 뚜렷이 있는 우리나라에서 맨발은 어땠을까. 짐작조차 어려운 아픔을 가늠해 볼 뿐이다. 그럼에도 아버지는 한 직장에서 정년퇴직을 하시면서 우리 육남매를 가르치셨다. 무엇으로도 잴 수 없는 아버지의 그 힘은 맨발에서 나온 것이라고 나는 믿고 있다.

이곳에서 동티모르 사람들을 볼 때나, 우리들의 지난날을 생각해 보면 가난하다고 불행한 건 아니다. 가난하다고 꿈까지 가난한 것도 아니다. 이들은 맨발일지라도 가슴이 뛰고 꿈이 있는 사람들이다. 나는 그들을 보며 맨발의 꿈을 의심치 않는다.

요즈음 신고 다니는 쪼리가 신을 때 마다 오늘이 마지막일지 모른다는 생각이 든다. 외출 할 때 신고 나가기는 하지만 왠지 길가 어디에서 끈이 빠지거나 끊어질 것 같다. 그런데 예전과 달리 불안하지 않다. 끈이 빠져 못 신게 되면 맨발로 걸으면 된다. 세상을 향해 맨발로 걸었던 아버지처럼, 입학식 날 당당하게 서있던 그 학생처럼 부끄럽지 않은 맨발로 걸으면 되는 것이다.

여기 동티모르 사람들처럼.

소

2017.05.22

한국으로 돌아 갈 날이 다가오고 있다. 언니는 통화 중에 한국에 돌아오면 맛있는 한우를 사주겠다고 했다. 그 비싼 한우를 나에게 먹이고 싶어 하는 언니의 마음이 고마웠다. 사철 더운 나라에서 땀을 흘리며 지냈을 내가 마음에 걸렸던 모양이다.

우리가 자랄 때 소고기는 명절이나 생일날에 먹을 수 있는 귀한 음식이었다. 어머니는 명절에 소고기무국을 끓여 주셨고, 생일날에는 소고기미역국을 끓여 주셨다. 그리고 겨울철에는 우거지를 넣은 소선지국을 끓여 주셨는데 우리가 어렸을 때 먹은 소고기에 대한 기억은 그 정도이다. 그렇게 자란 우리는 할머니가 된 지금도 소고기는 특별한 날 먹는 귀한 음식으로 생각한다. 나는 언니의 마음을 알기에 "이곳에서도 질 좋고 부드러운 소고기를 먹을 수 있으니 걱정하지 마."라고 하였다.

어릴 적, 시골 할아버지 집에는 '누렁이'라 불리던 소가 한 마리 있었다. 방학을 맞아 시골 집 대문에 들어서면 누렁이는 외양간에 비스듬히 앉아 되새김질을 하고 있다가 착하게 생긴 큰 눈을 껌뻑이며 나에게 알은 체를 했다.

그 당시 우리 가족에게 누렁이는 또 다른 가족 이었다. 할아버지는 들녘에 나가 소꼴을 베어오시기도 하고, 좋은 풀이 있는 곳에 누렁이를 메어 놓았다가 해질 무렵이면 누렁이를 데리고 집으로 들어오셨다. 겨울이 되면 새벽 일찍 일어나셔서 가을 추수 후에 말려 둔 볏단을 작두로 싹둑싹둑 썰어 쌀겨 한 바가지와 쌀뜨물을 가마솥에 넣고 소여물을 쑤셨다. 이른 아침, 할아버지께서 소여물을 쑤기 위해 사랑채 아궁이에 불을 때시면 밤사이 식은 방구들은 다시 따끈따끈해지기 시작했고, 아침잠이 많은 우리들은 더 깊숙이 이불 속으로 들어가며 게으름을 피웠다.

누렁이는 막내고모가 도시에 나가 번 돈을 모아 할아버지에게 사드린 송아지로 우리 집에서는 보물과 같은 존재였다. 그 당시 농촌에서 소를 키우는 집은 부잣집 소리를 들었다. 막내 고모가 할아버지께 사드린 송아지 한 마리로 인하여 빈농인 우리 집도 시골 부자가 되는 꿈을 꾸었다. 그렇게 누렁이는 할아버지의 꿈이었고 논이었고 밭이었다. 그 당시 소한마리가 일꾼 열 몫을 한다는 말처럼, 소는 하는 일이 많았다. 농사를 짓는데 절대적으로 필요한 일꾼이었고, 기꺼이 자신의 등을 내어주며 어디든 따라가 주는 든든한 동행자이었으며, 무거운 짐을 마다하지 않는 성실한 짐꾼이었다. 또한 어린 송아지는 키워서 밭을 사거나 결혼 자금이나 학자금처럼 집안의 큰일에 한 몫을 톡톡히 감당해줄 훌륭한 살림 밑천이었다.

수년 전 〈워낭소리〉라는 영화를 본적이 있다. 농부 할아버지와 소와의 교감이 마음 짠하게 전해오던 영화였다. 소의 수명이 보통 15년에서 20년 이라는데 〈워낭소리〉에 나오는 소는 평균 수명의 갑절이나 되는 40년을 살았다. 그중에 할아버지와 만나서 강산이 세 번이나 바뀔 만한 세월을 함께 지냈다고 한다. 그 긴 세월동안 소가 할아버지와 함께 지낼 수 있었던 것은 소에 대한 할아버지의 각별한 보살핌이 있었기 때문일 것이다.

딜리 시내를 조금만 벗어나면 풀어 놓은 소들을 볼 수 있다.

바닷가 나무그늘 아래에서 평화롭게 놀고 있는 소, 드넓은 평야에서 한가롭게 풀을 뜯어 먹고 있는 소, 학교 운동장에서 무리를 이루어 돌아다니고 있는 소를 본다.

동티모르 소들은 주인의 보살핌을 거의 받지 않는다. 자라는 동안 주인의 손길이 없이 스스로 이곳저곳 풀을 찾아다니며 성장을 한다. 자유와 방임의 중간쯤으로 보이는 방목이다. 동티모르 소들은 코뚜레를 하지 않았다. 코뚜레를 안 한 것은 물론, 대부분 고삐도 메여 있지 않고 목에 워낭조차 매달려 있지 않아 워낭소리도 들을 수 없다. 어떤 일에도 조바심을 내지 않고, 무슨 일이 생겨도 '노 프로블레마'

이라며 씨익 웃는 그들답게 소도 그렇게 여유로운 마음으로 키우고 있다는 생각이 든다.

동티모르는 농사를 지을 때 농약을 사용하지 않는다. 밭농사든 논농사든 과일나무에도 농약을 치는 일이 없으니 소들은 풀이 있는 곳이면 어디서든 마음껏 풀을 뜯어 먹을 수 있는 것이다. 가끔은 저렇게 소를 키우다가 누가 딴 맘을 먹고 끌고 가면 어쩌나 싶은 생각이 들을 때도 있다. 그런데 소들의 몸에는 주인의 이름이 새겨져 있어서 그런 일은 일어나지 않는다고 한다. 그러니까 동티모르 소들은, 한국의 소들이 코뚜레를 뚫을 때의 아픔과 같은 고통을 겪으며 주인의 이름을 몸에 새기고 나서야 비로소 자유를 얻는 것이다.

동티모르 소들은 농사일은 하지 않고 육우로만 키워지기에 이때부터 무리를 이루어 초원을 누비며 자유롭게 지낼 수 있으니 소들에게 이곳은 천국이 아닌가 싶다.

이곳에서도 소는 꿈이다. 아직도 이곳은 신랑이 장가를 갈 때 신부집에 소를 주는 풍습이 남아있다. 지역마다 신부 집에 주는 소의 마리 수는 다르지만, 신랑 집에서 신부 집에 소를 주는 것은 그동안 신부를 곱게 키워 준 신부 부모님께 드리는 감사의 예물이라고 한다. 그러니 동티모르 총각들은 어린 송아지가 자라는 것을 보면서 새로운 가정을 이룰 행복한 꿈을 꿀 것이다.

머지않아 한국에 돌아가면 누렁이와 함께 살았던 시골집에 한번 가보고 싶다. 그림처럼 지난날이 떠오르지만 아쉽게도 이제 시골은 예전의 시골이 아니다. 오래 전 그때처럼 황혼 빛을 받으며 할아버지를 따라 뚜벅뚜벅 걸어가는 누렁이 뒤를 고삐 풀린 망아지처럼 팔랑거리며 따라가는 작은 소녀를 다시 만나기는 어려울 것이다.

라멜라우 정상에서 안녕을 고하다

2017.06.15

동티모르가 인도네시아로부터 독립 한지 15년이 되던 그날은 4대 대통령 취임식이 함께 있었다. 그래서 온 나라가 이를 축하하며 축제를 열었다. 나는 그날을 기다려 이 나라에서 제일 높다는 라멜라우 산을 가기위해 집을 나섰다. 동티모르 사람들은 평소에는 무심한 듯 보이지만 나라의 큰일이나 행사에는 발 벗고 나서 함께 동참하는 모습을 보게 된다. 그날도 수도인 딜리는 물론이고 라멜라우를 향해 가는 모든 도시마다 온 국민이 어우러져 축제를 열고 있었다. 그 모습을 보는 나도 덩달아 즐거웠고 축하의 마음을 그들에게 가득 보내고 싶었다.

독립기념일, 수많은 동티모르 사람들이 목숨을 잃는 희생으로 이루어 낸 날이다. 그들의 희생으로 21세기에 최초로 독립국가가 되어 이제 네 번째 대통령을 직접 선출하였으니 이들에게 주어진 그날은 참으로 감사하고 뜻깊은 날이었을 것이다. 그날, 라멜라우로 떠나는 나에게도 나름 뜻깊은 여행이었다. 동티모르를 떠나기 전에 마지막으로 하는 여행이었고, 2년 동안 주어진 임무를 무사히 마친 나 자신에게 주는 상으로 감사하며 떠나는 여행이었으니 말이다.

딜리에서 라멜라우 까지는 그리 멀지 않은 70㎞의 거리다. 하지만 라멜라우를 다녀 온 사람들은 하나같이 여섯 시간은 족히 걸린다고 했다. 우리나라 같았으면 자동차로 한 시간이면 족히 다다를 거리를 아무리 열대밀림 산악지대라 하여도 4륜 구동차로 6시간이나 걸린다니 다가올 험한 여정이 짐작되었다. 그러나 이곳에서 2년여를 지내는 동안 나도 제법 느긋해졌는지 걱정은 되지 않았다.

시간을 내려놓고 가는 길이다. 굽이굽이마다 새롭게 펼쳐지는 대자연의 풍경에 "우와, 우와" 감탄이 절로 나왔다. 한 고개를 넘으면 또 다른 모습을 한 산이 나왔고, 다시 한 고개를 넘으면 새로운 세상이 펼쳐졌다. 게다가 하늘빛은 또 얼마나 맑고 곱던지 시선이 닿는 곳마다 한 장의 그림엽서 같았다.

그렇게 얼마를 갔을까. 드디어 라멜라우 산 아래 있는 마을에 도착하니, 길가에 하얗게 핀 데이지 꽃이 낯 선 길손을 먼저 반겨 주었다. 숙소에 짐을 풀고 데이지 꽃의 환영을 받으며 마을길을 걸었다. 이곳 라멜라우 주민들도 다른 지역 사람들처럼 중학교 운동장에 모여 축제를 즐기고 있었다. 우리나라의 북과 꽹과리 같은 전통 악기 '바바독'과 '타라'가락을 들으니 내 안의 흥이 꿈틀거렸다. 함께 춤도 추고, 상기 된 목소리로 이야기도 나누고, 환한 얼굴로 사진도 찍었다.

이른 새벽, 아니 한밤중이다. 라멜라우 정상은 해발 2,963m. 엄청나게 춥다는 말을 듣고 얇은 옷이지만 여러 겹 껴입으며 나름 무장을 하고 숙소를 나섰다. 캄캄한 밤, 하늘을 올려다보았다. 밤하늘엔 은하수가 황홀하게 수놓고 있었다. 세상에는 얼마나 많은 별들이 있는 걸까. 헤아릴 수 없이 많은 별들이 빛나고 있었다, 그중에 어느 별

은 유난히 반짝였고 순간순간 별똥별이 나를 향해 쏜살같이 내려오고 있었다. 거기에 초승달은 청초한 모습으로 내 머리위에서 나와 발걸음을 함께 해 주었다. 어쩌면 그날의 밤하늘은 나를 위해 아름다운 우주쇼를 보이는 것처럼 무한천공 어디론가 나를 끌어들이는 기분이었다.

라멜라우 정상까지는 네 시간은 족히 걸어야 한단다. 캄캄한 밤길, 의지할 것은 렌턴의 불빛이 전부인데 밤하늘에서 눈을 뗄 수가 없다. 어쩌자고 저리 곱단 말인가. 접어둔 꽁지깃을 활짝 핀 공작처럼 숨어있던 밤하늘이 입을 다물 수 없게 했다. 한 발짝 한 발짝 산에 들면서 동티모르에서의 시간들이 스쳐간다. 낯선 땅에서 마음을 열게 했던 순박한 얼굴들이 스쳐간다.

땀이 나고 숨이 턱에 차오른다. 거친 숨소리만 내뿜다가 드디어 정상에 섰다. 환호성이 터진 것도 잠시 순식간에 추위가 엄습해왔다. 그동안 내 몸은 더위에 익숙해져 추위에 무방비 상태가 되어 버린 것 같았다. 덜덜덜 떨면서 바람 피할 곳을 찾다 요새처럼 움푹한 공간에 새끼 새들처럼 몸을 웅크렸다. 한기로 온몸이 얼어붙어 움직일 수 없었다. 세상에서 제일 싫은 것이 추위라는 생각이 들었다. 그렇게 꼼짝도 못하고 추위에 떨면서 얼마나 기다렸을까.

무수히 많던 별들이 점차 사라지면서 저편 어둠속 세상이 서서히 열리기 시작했다. 그리고 숭고하고 장엄하게 신비로운 빛을 띤 해가 떠오르고 있었다. 누군가는 그 장면을 주님이 재림하실 때 광경을 보는 것 같다고 했다. 나는 주께서 태초에 천지를 만드신 후 첫날 저 광경으로 해가 떠올랐을 것 같다는 생각을 했다. 그러면서 떠오르는 해를 기다리던 한 시간 동안 몸이 꽁꽁 얼어있었던 것이 차라리 다행이었다는 생각이 들었다. 경건하기 까지 한 그 귀한 광경을 거저 보아

서는 안 될 것 같았기 때문이다. 이웃나라도 아닌 인도양 끝자락에 있는 강원도 크기의 동티모르, 거기에서도 라멜라우라는 산골에서 평생 보기 힘든 일출을 보았으니 그러한 생각도 무리는 아니다.

해가 떠오르면서 어둠이 걷히고 서서히 세상이 드러나기 시작했다. 라멜라우산은 우리나라 한라산과 지리산을 합쳐 놓은 것 같다고 하더니 과연 지리산의 웅장함과 한라산의 아름다움이 겹쳐있었다. 나는 더 이상 아무 말도 하지 않았다. 가끔은 침묵이 더 많은 것을 담기도 한다. 나는 그곳에서 조용히 2년여의 시간에 마침표를 찍었다.

동티모르여, 안녕!

나는 이제 한국으로 돌아간다.

테툼어에 '고민'이라는 단어가 없을 만큼 주어진 삶에 순응하며 소박하게 살아가는 동티모르 사람들은 가슴속에 담아두었다. 하얀 이를 드러내며 해맑게 웃던 제자들은 가슴에서 내려놓았다. 비워야만 채울 수 있는 마음자리에 제자들의 앞길이 반짝이기를 바라는 마음만 남겨 놓고 나는 이제 담담하게 우리나라 한국으로 돌아간다.

내가 가는 길을 그가 아시나니.

/ 에필로그 /

귤 그리고 파파야

2017. 11. 25

하나님께서 이 땅에 만들어 놓으신 만물 중에 과일은 우리에게 주신 특별한 선물이다. 과일을 좋아하는 나는, 내가 일하던 외국의 어느 나라를 생각하면 경치 좋은 곳이나 유명한 유적지가 아니라 그 나라에서 먹었던 과일이 먼저 떠오른다. 동티모르에서는 파파야였다.

파파야, 동티모르

해질 무렵이면 나는 일삼아 배낭을 메고 바닷가로 나갔다. 그곳엔 저녁노을을 뒤로한 과일 가게가 줄지어 있다. 과일가게 꼴레가들과는 매일 보는 얼굴들이라 인사를 나누며 한 집 한 집 가게를 돌았다. 그들은 내게 빨간 바나나를 권하기도 했고, 아야따를 권하기도 했지만 나는 언제나 파파야를 먼저 샀다.

내가 파파야라 부를 때도, "빠빠야"라 부르며 맛있는 파파야를 고르는데 신의 손을 가진 친구가 있다. 그가 골라 준 파파야는 언제나 향이 좋고 당도가 높았다. 나도 그가 알려준 대로 색감이 좋고, 겉이 매끄럽고, 들어봐서 무게감이 있으며, 길죽한 것이 아닌 약간은 둥그런 파파야를 골랐다. 그러나 내가 고른 파파야는 어느 땐 잘 익은 파파야의 맛을 느낄 수 있었지만, 어느 날은 그린파파야처럼 반찬으로 만들어야 좋을 것 같이 밋밋한 맛을 내기도 했다.

파파야 크기는 다양하여 배낭에 들어가지 않을 만큼 큰 파파야는 아기처럼 안고 집으로 왔다. 덜 익은 것은 숙성이 되도록 며칠 두었다 먹기도 하지만 바로 먹어도 좋을 만큼 잘 익은 것은 도마 위에 올려 놓고 반절 싹둑 잘라 속에 들어있는 씨를 빼고 껍질을 벗겨 먹기 좋을 만한 크기로 잘랐다. 약간 무른 부분은 주스를 해먹기도 하지만 보통은 통에 담아 냉장고에 넣어 놓으면 보기만 해도 과일 부자가 된 것 같이 뿌듯하여 미소가 절로 지어졌다.

귤, 제주도

제주의 가을은 귤로부터 왔다. 내가 제주에 오던 때는 8월이었다.

그때는 귤이 나뭇잎과 같은 색이어서 귤나무에 귤이 얼마나 매달려 있는지 알 수가 없었다. 집을 나서면 눈앞에 펼쳐진 세상은 온통 귤 밭이었고, 호기심에 귤 밭 가까이 가서 들여다보면 거기엔 탱자만한 초록빛 귤이 올망졸망 달려 있었다. 나는 명절을 기다리던 아이처럼 귤이 어서 익기를 기다렸다.

제주에 와있는 동안 태풍이 한 차례 지나갔고, 몇 번의 세찬 바람이 불었다. 바람이 불 때 마다 귤이 다 떨어지는 것은 아닌가하는 염려로 창문을 열어보기도 하고 매정한 바람을 탓하기도 했다.

그러던 어느 날, 대추나무에 다닥다닥 달린 대추처럼, 엄청나게 많은 귤이 나무마다 주렁주렁 황금공이 되어 달려있었다. 그것은 마치 마술사가 하얀 손수건을 흔들다가 빨간 장미를 내보이는 것처럼 빠르게 일어난 일이었다. 그렇게 제주는 온통 귤 세상이 되었다. 소유권보다 사용권이 중요하다는 친구의 말이 맞았다. 나는 귤 농장의 대지주가 된 것처럼 풍성한 귤 세상을 누리며 다녔다.

맛 그리고 추억

'귤'이 '밀감'으로 더 많이 불리던 시절이 있었다.

오십년도 더 넘은 이야기다. 무슨 일로 제주에 가셨는지 기억이 없지만, 제주도를 다녀오신 아버지께서 밀감 몇 개를 가지고 오셨다. 세상에는 앵두, 자두, 복숭아, 포도, 감과 명절에 볼 수 있었던 사과, 배가 과일의 전부라고 알고 있던 시절이었다.

밀감이란 것을 처음 본 나는 내 몫으로 주어진 밀감 한 개를 호기심어린 눈으로 아버지께서 하시는 데로 살살 껍질을 벗겼다. 그 속에는 한 쪽 한 쪽 떼어 먹을 수 있는 말캉한 밀감의 속살이 들어 있었다. 나는 그것을 조심스럽게 한 개씩 떼어 막대사탕을 빨아먹듯 천천히 아주 천천히 먹었다.

그 때 먹은 밀감의 새콤달콤한 맛은 태어나서 한 번도 맛본 적이 없는 상큼한 맛이었다. 밀감을 먹어 본 다음날, 학교에 가서 친구들에게 밀감이란 과일을 자랑했다. 나는 그 시절, 밀감을 먹어 본 아이였기 때문이다.

지난주, 제주의 귤을 알리는 귤 박람회가 있었다. 그 축제 현장에 학생들과 함께 갔다. 행사장은 어느 곳이나 귤이었다. 우리는 그곳에서 마음껏 귤을 먹으며 귤 따기 체험을 하였고, 귤 하르방 앞에서 사진을 찍으며 귤 속에 묻혀 상쾌하게 하루를 보냈다. 그리고 행사장을 나오며 무심코 바라본 어느 작은 과일 코너에서 파파야를 보았다. 파파야를 보는 순간 나는 깜짝 놀랐다. 동티모르에서 날마다 먹던 파파

야가 제주도에서도 재배되고 있었던 것이다. 제주도에서 파파야가 나온다는 것을 어쩌면 나만 모르고 있었는지도 모르겠다.

사람은 참 변덕스럽다. 아니 나는 참 변덕스러웠다. 그동안 제주에서 그렇게 귤이 빨리 익기를 기다렸고, 귤이 익어 풍성한 가을을 누리고 있으면서도 파파야가 눈에 띄었을 때 내 눈에는 오직 파파야만 들어왔으니 말이다.

파파야를 손에 든 순간 가슴이 울컥했다. 동티모르에 대한 그리움이 쏴아 하니 밀려왔다. 세월이 약이라고 한다면, 약으로 쓸 만큼의 세월은 얼마만큼 지나면 되는 걸까 싶게 동티모르는 내 마음 속 깊이 들어있었다. 집으로 오는데 동티모르에서 파파야를 먹으며 지내던 소소한 행복도, 추억도 함께 따라 왔다. 그동안 나는 제주에 있으면서 어쩌면 동티모르를 살고 있었는지도 모른다.

결코 내 마음속에서 내려놓을 수 없는 동티모르는 파파야 속에 들어있었다.

임정훈 산문집
까멜리 나무가 보고 싶다

초판발행 / 2018. 3. 28

지은이 / 임정훈
펴낸이 / 윤미경
펴낸곳 / 도서출판 다인아트
출판등록 1996년 3월 8일 제87호
인천광역시 중구 개항로14 2F
tel. 032+431+0268 / fax. 032+431+0269
e-mail. dainartbook@naver.com

인쇄 / 영일프린텍
제본 / 대한제책

값 / 15,000원
ISBN 978-89-6750-052-8 03810